JN049020

構築された仏教思想

ツォンカパ——悟りへの道—三乗から真の一乗へ

松本峰哲

まえがき

インドで紀元前五世紀頃に誕生した仏教は、開祖である釈尊が入滅してから約百年後に僧団が分裂して部派仏教と呼ばれるようになる。そして紀元前後頃には大乗仏教が現れ、部派仏教を小乗と卑称して対立するようになる。さらに大乗仏教はインド文化の影響を受けて密教という呪術的信仰を生み出し、最終的に仏教はイスラム教侵入の影響を受けて十三世紀頃、誕生の地インドから姿を消した。

このように見るなら仏教の歴史は分派の歴史でもあり、それぞれの派は当然理由があって分かれたわけであるから、どちらかと言えばお互い対立的であった。小乗（部派仏教）と大乗は言うまでもないが、大乗も顕教（波羅蜜道）と密教（真言道）に分かれ、徐々に対立的な関係になっていった。特に八世紀以降の密教は、当時インドで流行したシャクティ信仰と呼ばれる性力崇拝の影響を受けて性的な儀礼などを行うようになり、戒律を重視する従来の仏教との対立を決定的なものとした。そしてこれらの対立は最後まで解消されないまま、インドで仏教は滅亡したのである。

誕生の地を追われた仏教は、分派したそれぞれがインド以外の地に伝えられて現在まで信仰されている。たとえばスリランカやタイでは部派仏教が信仰され、中国や日本では大乗仏教が信仰されている。特に日本では真言宗が密教で浄土宗などの他宗は顕教というように、密教と顕教が分かれて併存する形で信仰されている。

ところが世界にはインドで分裂してしまった仏教を、あくまでも一つの仏教として信仰する国がある。それがチベットである。前述のように大乗仏教は部派仏教を批判する形で成立し、顕教と密教は戒律という根本的な問題で共存は難しい。このように本家インドでも解決できなかった難題を、チベットはどのように解決したのであろうか。

実はチベットも最初からこの問題を解決できたわけではないし、そもそも最初からすべての仏教を信仰しようとする意図があったわけでもない。インドに隣接するという地理的条件と、本格的な仏教導入が七世紀以降という時代背景から、インドの部派仏教、大乗仏教の顕教と密教が一挙に伝えられたという他国と異なる特殊な事情がそうさせたのである。事実、本書でも後に触れるが初期のチベット仏教では、それぞれが激しく対立していた。

しかしそのような仏教の状態を憂い、分裂した仏教を一つに纏めて顕密両修のチベット仏教の教義を大成したのが、本書の主人公ツォンカパである。彼は仏教を、本来の釈尊によって説かれた悟りへの一本道へと再構築したのであり、現在も世界中で信仰を集めるチベット仏教の基礎を作ったのである。この本家インドでも解決できなかった難題を解決したツォンカパは、「仏教中興の祖」といっても過言ではないかもしれない。

さてこれから本書において、チベット仏教の巨人ともいわれるツォンカパの生涯を辿ると共に、彼の構築した仏教教義について見てゆきたい。そして読者の皆さんには、ツォンカパの壮大にして緻密な仏教教義体系を学びつつ、何よりも彼が生涯をかけて仏教に注いだ熱き情熱を感じて欲しい。

目次

装幀＝大竹左紀斗

第一章

ツォンカパ以前のチベット仏教

1 チベットの始まり

チベット仏教の歴史は、チベットの国としての歴史とほぼ同時に始まる。ユーラシア大陸の中央に広がる世界最大級の高原であるチベット高原は、南はヒマラヤ山脈、西はカラコルム山脈、北は崑崙《こんろん》山脈・アルチン山脈・祁連《きれん》山脈、東は横断山脈と、四方を七千から八千メートル級の山脈に囲まれ、高原自体も平均海抜四千五百メートルという大変厳しい地域である。かつてこの地には多くの遊牧民族が活動していたが、次第にいくつかの民族が連合し、その中でヤルルン渓谷を治めていた民族の首長を大君主として国家の形成が始まり、七世紀にソンツェンガンポがチベット高原全土を統一し、古代チベット王朝（吐蕃《とばん》王朝）が誕生した。

2 チベットへの仏教伝来

仏教の伝来

当時のチベット高原には仏教、ヒンドゥー教、ゾロアスター教、ネストリウス派キリスト教などが伝わっており、また土着の信仰としてはボン教という呪術的宗教があったとされている。

このような宗教事情の中で古代チベット王朝が誕生した当時、東方は強大な中国の唐朝、南方はネパール王朝と国境を接していたことから、ソンツェンガンポ王は政治的な意味もあり、唐とネパールの両国から后を娶った。そしてそれと同時に唐からは中国系の仏教が、ネパールからはインド系の仏教がチベットにもたらされた。

この時、両国からそれぞれ釈迦牟尼仏像が贈られ、唐からの仏像を安置するためにラサにラモチェ寺（小昭寺）が、ネパールからの仏像を安置するためにチョカン寺（大昭寺）が建立された。これがチベットにおける仏堂の始まりとされている。ちなみにその後、不思議なことに仏像はお互いに入れ替わり、現在はラモチェ寺にあるのがネパールの釈迦牟尼仏像、チョカン寺にあるのが唐の釈迦牟尼仏像であるとされている。

さらなる仏教の請来

ソンツェンガンポ王は更なるチベットへの仏教導入のため、大臣のトンミサンボータを六三二年にインドに留学させた。その後帰国したトンミサンボータは、インドで学んだサンスクリットの文字と文法を元に、チベット文字とチベット語文法を作成した。これによってインドのサンスクリット仏教経典をチベット自国の言葉と文字に翻訳することが可能となり、その後多くの仏教経典がインドからチベットにもたらされ、翻訳されるようになったのである。

八世紀後半、ティソンデツェン王の時代に古代チベット王朝は最盛期を迎える。領土は敦《とん》煌《こう》までも支配下に入れ、一時は唐の長安を占領するほどであった。しかしこの領土の拡大が、チベットに新たな宗教問題をもたらした。領土拡大と共に支配地域の仏教徒を取り込みながら、チベットの仏教信仰は増々盛んになっていったが、これを快く思わなかったのがチベット土着信仰であるボン教であった。彼らからすれば仏教は外来宗教であり、新興仏教勢力の拡大に危機を感じたボン教徒達は廃仏活動を行った。日本に初めて仏教が伝来した当時の神道との軋轢と、同じようなことが起こったのである。

シャーンタラクシタの招聘

そこで特に仏教を篤く信仰していたティソンデツェン王は、仏教の正式なチベット国教化を考え、そのために王はインドから高名な僧侶を招き、仏教発祥の地インドの仏教を直接チベットに導入することを計画した。そこで白羽の矢が立ったのが、当時インド・ナーランダ僧院の大学僧であったシャーンタラクシタ（寂護）である。

七六一年、シャーンタラクシタは王の招聘を受けてチベットに入った。ところが、やはりこれに激しく反対したのがボン教である。シャーンタラクシタはボン教徒の激しい抵抗に遭い、僅か四ヶ月でチベット退去を余儀なくされた。チベットの歴史書にはこの時のことについて、シャーンタラクシタと共にチベットに入った侍者の殆どが殺されたとも記されている。ボン教の仏教に対する危機感と抵抗は、かなり激しいものだったようである。

しかしシャーンタラクシタも、当時仏教学の世界の中心と言っても過言ではないナーランダ僧院の大学僧である。彼のプライドが許さなかったのであろう、シャーンタラクシタは再度のチベット行きを決心するのである。再度チベットに入るにあたって、彼はボン教に対抗するため、強力な助っ人を用意した。それが在家の密教行者パドマサンバヴァ（蓮華生）である。歴史書によるとシャーンタラクシタと共にチベットに入ったパドマサンバヴァは、強大な密教の呪術を使ってボン教の神をすべて調伏《ちょうぶく》してしまったという。これによってシャーンタラクシタは無事チベットに入り、仏教の布教を始める準備が整ったのである。

シャーンタラクシタはチベットに入るとまず七七五年にサムイェー寺を建立し、そこで六名のチベット人を出家させた。ここで思い出して欲しいのが、ソンツェンガンポ王の時代、二体の釈迦牟尼仏像がチベットにもたらされ、それらを安置するためにラモチェ寺とチョカン寺が建立されたということである。ところが実はこれらの寺は仏像を安置するだけの建物で、僧侶はまだいなかったのである。つまりサムイェー寺はチベットで初めての僧侶の在住する寺院であり、またこの時の六人の出家者が、チベット人初の僧侶であった。

3　国教としてのチベット仏教の確立

顕教か密教か

さて、このシャーンタラクシタがチベットに入った八世紀、インドでは密教が大流行し、唐でも日本の真言密教八祖の一人である不空金剛がインドから密教を伝えて国家守護の思想として位置づけ、皇帝の寵愛《ちょうあい》を受けていた頃である。ところがシャーンタラクシタの仏教は、伝統的な修行階梯《かいてい》を重視し認識論や論理学の体系をその宗教実践の理論的基礎とした、いわゆる顕教的な仏教であり、そもそも彼は密教に対して否定的な態度であった。またチベット王室としても呪術的な密教より、戒律重視の顕教のほうが国教として好ましいと考えていたようである。やはり為政者からすれば呪術的宗教は、怪しく危険な存在に見えたのであろう。このようにチベットが最初国教として目指した仏教は、シャーンタラクシタの思想をベースにした顕教的仏教だったのである。実際この頃、インドの仏教経典が次々とチベット語に翻訳されているが、密教経典に関しては何度も翻訳が禁じられている。

しかし前述のように、この頃隣国では密教が大流行しており、密教経典のチベットへの流入を完全に防ぐことは困難であった。また思い出して欲しいのだが、チベットへの仏教伝来に関して、シャーンタラクシタ以外にもう一人活躍した人物がいた。そう、パドマサンバヴァである。歴史書にあったような彼のセンセーショナルな活躍が、チベットの人々に強烈な印象を与えていたことは想像に難しくない。つまりチベットにおいては王室が顕教を国教にしようとする一方で、民衆の間ではパドマサンバヴァと、彼の密教に対する信仰が静かに広まっていたのである。しかし王室とシャーンタラクシタにとってはある意味幸運なことに、パドマサンバヴァはチベットに入った後すぐに病死してしまい、その結果チベット仏教は、シャーンタラクシタの指導する顕教を中心にスタートを切ったのである。

インド仏教か中国仏教か

このようにチベット仏教は、顕教か密教かという問題をひとまず解決することができたが、次に起こった新たな問題は、インド系仏教と中国系仏教の対立である。ソンツェンガンポ王がチベットを統一した際、前述したようにネパールと中国から后を娶り、その時にインド系と中国系の仏教が伝わった。しかしその後、トンミサンボータのインド留学やシャーンタラクシタのチベット招聘など、明らかにチベットはこの当時、インド系の仏教を中心としていたと思われる。ところがチベットが敦煌を征服し領土が唐にまで広がってゆく中、国内に中国系仏教を信仰する人々が増加し、同時に多くの中国系仏教僧がチベット領内で布教を積極的に行ったことによって、チベット国内の中国系仏教の勢力が徐々に強まっていった。その結果、チベットにおいてインド系仏教と中国系仏教の対立が表面化したのである。

サムイェーの宗論

この問題を解決するため、ティソンデツェン王はサムイェー寺において面前でインド系仏教と中国系仏教の討論を行わせ、その勝者を国教とすることとした。それが「サムイェーの宗論」と呼ばれる出来事である。七九二年から七九四年にかけてシャーンタラクシタの弟子でインド系仏教代表のカマラシーラ（蓮華戒）と、中国系仏教代表の摩訶衍《まかえん》（大乗和尚）との間で論争が行われ、最終的にカマラシーラが勝利した。その結果、中国系仏教はチベットから追放され、インド系仏教もこの時勝利したカマラシーラが顕教の瑜伽行中観派《ゆがぎょうちゅうがんは》の論師であったことから、特に同派を中心としたインド系仏教だけが正統として認められた。

ところで、この論争の争点はいったい何だったのであろうか。記録によると、表向きは悟りに関する考え方の相違であったという。当時の中国系仏教とは禅系の仏教で、彼らはチベットにおいて坐禅（瞑想）によって分別を越えた境地に達し、一瞬にして悟る「頓悟《とんご》」の教えを説いていた。それに対してインド系の仏教（顕教）は、三劫成仏と言われるように利他行である菩薩行を何度も輪廻転生を繰り返しながら実践し、段階的に悟りを目指す「漸悟《ぜんご》」の教えである。そして頓悟の思想は一歩間違うと修行不要論、つまり修行などしなくても坐禅するだけで悟れるという解釈が成り立ち、さらには菩薩行といった利他行や、戒律を守る必要も無いとも考えられることから、最終的にはこれが問題とされ中国系仏教は敗北した。この頓悟に対する嫌悪感はその後のチベット仏教においても根強かったようで、ツォンカパの代表的著作である『菩提道次第論《ぼだいどうしだいろん》』においても、この禅系仏教の頓悟に対する批判がなされている。

しかしあえて「表向きは」と書いたように、このインド系仏教が勝利した理由は教義的なものだけでなく、当時、領土関係などで敵対関係にあった中国の影響をチベットから排除したいという政治的意図が多分にあったとされ、どうも最初から出来レースであったというのが本当のところのようである。ちなみに論争後も摩訶衍の論争終了後、間もなく何者かに暗殺されるなど、結局論争は後味の悪い結果に終わっている。

4 チベット仏教の繁栄

カマラシーラが暗殺されたのとほぼ同時期にティソンデツェン王が没すると、息子のティデソンツェンが王となった。彼もまた仏教を篤く信仰し、特に仏教経典の翻訳事業に力を入れた。翻訳はインド僧を中心にチベット僧が補助する形で行われ、インド僧としてはジナミトラやシーレンドラボーディなど、著名なインド僧が多数チベットに招かれた。そして彼らによって多量の経典が翻訳され、翻訳された経典の目録が作成された。これがチベット仏教最初期の大蔵経目録とされる『デンカルマ目録』である。

もう一つ忘れてはならないティデソンツェン王の画期的な事業は、欽定訳語の制定である。国家としてサンスクリットの対訳チベット語を決定し、訳語を統一することで、翻訳者による訳語の不統一をなくしたのである。この欽定訳語を纏めたものが、語彙集『翻訳名義大集（マハーヴュットパッティ）』である。これによって仏典翻訳の精度は飛躍的に向上し、更なる経典の翻訳作業が行われると同時に、訳語統一以前に訳された経典の再訳も行われた。ちなみにこの欽定訳語のおかげで、現在サンスクリット原典が失われてしまった経典でも、チベット語訳があれば元のサンスクリット原文をかなりのレベルまで回収（還梵）することが可能である。

5　王朝の滅亡

仏教権力の増大

このようなティデソンツェン王の仏教に対する篤い信仰は、残念ながらその後悪い方向に向かってしまった。あまりにも仏教を優遇・保護しすぎた結果、僧侶は特権階級となり、国政にも影響を与えるようになってしまったのである。一方でそのような僧侶たちに対して反感を持つ貴族達、そして民衆も増えていった。日本でも奈良時代に仏教を保護しすぎた結果、奈良仏教の権力が強大化して弓削道鏡《ゆげのどうきょう》のような怪僧を生み出し、平安遷都へとつながったという歴史があるが、これと同じようなことが起こったのである。チベットの場合はどうなったかというと、ティデソンツェン王の次の王で、同じく仏教を保護したティックデツェン王が、反仏教勢力によって暗殺されてしまった。

ランダルマ王の破仏

次の王となったランダルマ王は、一転して仏教を弾圧した。僧侶は殺すか還俗させ、経典や仏像をことごとく破棄するなど、彼の弾圧は徹底的だったという。チベット仏教側の歴史では「破仏王」と呼ばれる極悪人であるが、当時のチベットは仏教に流れ込む資金のために国の財政はかなり逼迫していたとされ、現在ではランダルマ王の行政はやむを得なかったとの評価もある。

この弾圧でチベットの仏教は壊滅的状態となったが、国自体も混乱状態に陥って王族同士の権力争いなどが勃発し、ついにはランダルマ王も八四二年に暗殺されてしまった。これで古代チベット王朝は完全に崩壊し、チベット高原はソンツェンガンポ王が統一した以前の各氏族が割拠する時代に戻ったのである。

6　チベット仏教の暗黒時代

出家教団の崩壊

国の庇護を失い人々の信仰さえも失ったチベット仏教は、大きな試練の時代を迎えた。出家仏教教団にとって、教団の生計を支える国家や在家信者を失ってしまうと教団を維持することは難しく、しかも経典や仏像といった信仰対象になるものも、すべて弾圧で失ってしまったのである。これでは新たに信者を集めることは非常に困難である。結果的にこのような時代がこの後一世紀半に渡って続いたが、この時期のチベット仏教に関する資料は現在ほとんど残っていない。チベットは中国ほどではないが自国の歴史をかなり正確に書き留めてきた国であり、この時代の記録がほとんど失われているということは、当時のチベット仏教の置かれていた惨状を如実に表していると言えるのである。

在家密教行者の活躍

しかしその一方で、この期間は結果的にチベット仏教の新しい展開への準備期間になっていたようである。ここでチベット仏教の基礎を築いた二人のインド僧、シャーンタラクシタとパドマサンバヴァのことを思い出して欲しい。二人は全く性格の異なる僧侶であった。シャーンタラクシタは戒律を重んじて密教を好まない出家の持戒僧、一方のパドマサンバヴァは呪術を操る在家の密教行者であった。そしてチベットに入った当初、ボン教の弾圧に対してボン教の神々を調伏し、民衆に大きなインパクトを与えたのはパドマサンバヴァの呪術的密教であったが、最終的に王朝が採用したのはシャーンタラクシタの顕教的仏教だった。しかし前述したように、民衆レベルではパドマサンバヴァ系の密教の信仰がずっと続いていたらしく、出家教団が崩壊したこの時期、パドマサンバヴァを信奉する在家の密教行者が活動し、彼らは日本で言う琵琶法師や高野聖《こうやひじり》のように出家教団に属することなく、人々にパドマサンバヴァの教えを布教してまわっていたようである。

古代チベット王朝崩壊後、チベット仏教の法灯を保ったのはこの在家密教行者達であった。そして彼らが保ってきた仏教、その中でも特に密教の教えが花開くのが、次のチベット王朝の時代なのである。

7 仏教の復興

後伝期のはじまり

古代チベット王朝崩壊後、ランダルマ王の子孫達が西チベットに逃れ、グゲやラダックといった小王朝を建国した。そしてそれらの国において、十世紀末頃から仏教復興運動が始まった。チベット仏教の歴史区分では、古代チベット王朝崩壊までを前伝期といい、仏教復興運動以降を後伝期という。

彼らは古代チベット王朝と同じく出家教団による顕教的仏教の復興を目指したが、今回は最初から思い通りには行かなかった。それには二つの原因が考えられる。一つは前述したように統一国家崩壊後、チベット地域において民衆の間で細々とではあるが信仰を集めていたのは密教であったと思われることと、もう一つは、十世紀末というのはインドにおいて前伝期以上に密教が大流行していた時代だったということである。つまり王朝の思惑に反して、世間の興味は密教の方に向いていたのである。

仏教復興運動

仏教復興の最初の顕著な動きは、グゲ王朝で起こった。イェーシェーウー王はチベットにおける暗黒時代以前の仏教を刷新するため、当時最新の仏教をインドに求めた。彼はまずリンチェンサンポをインド・カシミールに留学させた。彼は三度のカシミール留学で当時のインド最新の仏教を学び、持ち帰った経典を翻訳することで国に伝えた。また彼は帰国の際、カシミールから多くの仏教美術の技術者を連れて帰り、彼らを使って寺院を建立した。これによってチベットの仏教美術が大いに発展したのである。今日までチベット仏教美術が注目されている一つの理由は、十三世紀のインド仏教滅亡と共に本国で失われたインド密教美術の技法を、今に伝えていることにあるのである。

アティシャのチベット招聘

さらに仏教復興を続けるグゲ王朝では、イェーシェーウー王の末裔チャンチュプウー王がアティシャをチベットに招聘した。アティシャは当時ヴィクラマシーラ僧院の僧院長を努めた大学僧で、彼の招聘は現在に続くチベット仏教の基本的性格を決定した大きな出来事であった。

ところでアティシャは法名をディーパンカラシュリージュニャーナともいい、八世紀後半から十二世紀後半にかけて現在の東インドからバングラデシュ辺りにあったパーラ王朝に生まれた。パーラ王朝は後期密教の栄えた地域で、アティシャも幼い頃から在家密教行者の元で密教を学んだが、長じてからは部派仏教の師から戒を受け、ナーランダ僧院において戒律や部派仏教、大乗仏教を学び、当時のインド僧としては珍しく、インド国外のスマトラ島シュリーヴィジャヤ国に留学するなど、仏教思想を幅広くバランス良く学んでいる。このアティシャの仏教に対する豊富な学識が遺憾なく発揮され、後のチベット仏教界に強い影響を与えたのが、彼がチベットに招聘されてから著した『菩提道灯論』である。

『菩提道灯論』

『菩提道灯論』は、僅かペチャ（チベット経典の記されている細長い形状の紙）三枚の表裏に書かれた大変短いものである。しかしこの短い分量に、顕教と密教のすべての要諦が纏められている。そしてこの論書の最大の特徴は、顕密両方の価値を認めつつも後期密教に最高の価値を置き、一方で出家・受戒の重要性を説くなど、顕教と密教の両立の可能性を示していることにある。しかし実際には、出家者には後期密教独自の性的な行為を含む灌頂などの儀礼を禁じるなど、本当の意味で出家者が顕密両修を可能にするものではなかった。実際アティシャは自分の弟子に対して、ある者には出家させず在家として密教を学ばせ、ある者には出家・受戒させる代わりに密教を学ぶことを禁じている。つまり弟子の適性を見極めて、顕教か密教かを選んだのである。

このようにアティシャの顕密に対する態度は、結局は顕教か密教かの選択であって、残念ながら本当の意味での顕教と密教の両立ではなかった。しかし選択とはいえ、当時のチベットで一般的であった顕教を信奉する者は密教を破戒的であると非難し、密教を信奉する者は顕教をレベルの低い教えと非難するような否定的選択ではなかった所に大きな価値がある。そしてこのアティシャの『菩提道灯論』における選択的顕密の関係を、後に本当の意味での顕密両修の体系に昇華させたのが本書の主人公、ツォンカパなのである。

8　チベット仏教の宗派

宗派の誕生

アティシャは『菩提道灯論』以外にも多くの著作や経典の翻訳を行うと同時に、弟子の育成にも力を入れた。そしてアティシャの弟子が増える中、その中の高弟ドムドゥンを中心にアティシャの教えを信奉する集団が形成された。これがカダム派である。

前伝期のチベット仏教では、仏教は一つの強大な古代チベット王朝の庇護の元、一つの出家教団であった。しかし後伝期になると仏教の布教は国家ではなく、それぞれの僧侶に委ねられた。その結果、カリスマ的な影響を持つ僧侶の元に多くの弟子が集まり、集団を形成し、その集団を有力な氏族が支持するという形態が出来上がった。これがチベット仏教における宗派の成立過程であり、一番最初に成立した宗派がカダム派なのである。

カダム派成立後、チベットでは続いて多くの派が誕生した。長い歴史の中で他宗派に吸収されたり消滅した派もあるが、以下、主だった宗派を紹介する。

カダム派

カダム派は、前述のようにチベット仏教最初の宗派である。「カダム」とはチベット語で「師の教えに従う者」という意味で、アティシャの一番弟子ドムドゥンが一〇五七年にラデン寺を建立したのを機に開宗した。

カダムという名の通り、この教団はアティシャの『菩提道灯論』の教えに従い、出家者は戒律を厳しく守る一方、密教を行う者は在家主義を守るという形式をとった。しかしその顕密選択の悪い部分が表面化し、ドムドゥンの後、顕教を重視するシュン派と密教を重視するダムガク派・メンガク派に分裂してしまった。そして最終的に同派は、後に本当の意味で顕密両修の体系を打ち立てたツォンカパのゲルク派（最初ゲルク派は新カダム派と呼ばれていた）に吸収された。

カギュー派

カダム派の成立と同じ頃、在家行者を中心に結成されたのがカギュー派である。開祖はマルパで、彼はインドに留学し、インドの在家密教行者ナーローパやマイトリーパから密教、特に「マハームドラー」や「ナーローの六法」という後期密教独自の修法を学んだ。「カギュー」とは「教えの相伝」という意味で、同派は密教儀礼の神秘体験を通じて、師匠と弟子との間で教えを相承することを重要視した。

しかし同派は前述のように在家行者主体で、かつ教学よりも密教の修法の実践に重きを置いたため、多くの優れた密教僧を輩出した一方で教団としての纏まりは弱く、後に多くの分派を生み出した。いくつか挙げると、カルマ派はチベットにおける転生活仏制度を最初に打ち出した宗派である。またドルク派はブータンの国教であった（二〇〇八年以降のブータンの新憲法では、宗派の限定がなくなった）。

サキャ派

この派は、一〇七三年に豪族クン氏が氏寺としてサキャという地に寺（サキャ寺）を建立したことから始まる。クン氏はシャーンタラクシタの時代に、チベットで初めて出家僧を輩出した一族であり、古代チベット王朝崩壊後は、古密教と呼ばれるボン教とパドマサンバヴァの密教が融合した在家主義の密教を伝えていたが、クンチョクギャルポがドクミからインドの後期密教を伝授され、サキャ寺を建立したのを機にサキャ派を開宗した。

同派は後期密教でも特に性的要素の強い『ヘーヴァジュラ・タントラ』の教義を元にインドの密教行者ヴィルーパが大成したという「道果説」を中心教義とする宗派で、僧侶の妻帯も許されており、教団自体はクン氏の世襲で伝えられてきた。イメージとしては、日本の浄土真宗における大谷家と教団の関係に近いかもしれない。

クンチョクギャルポの教団設立後、彼の子孫に当たるスーナムツェモがチベット初の密教綱要書とされる『ギューデ・チイナム』を著すなど、前述の道果説と共に非常に密教色の強い教団であったが、後にサキャ派を継承したサキャ・パンディタがインド僧シャーキャシュリーバドラから具足戒を受けると、その後は僧侶が受戒するのが同派の習慣となり、顕教も重視するようになった。

またサキャ・パンディタは当時中国を征服したモンゴル帝国（元朝）への布教に成功し、甥のパクパが当時のモンゴル帝国皇帝フビライ・ハンの帝師になったことからチベット地域の支配権を委ねられ、それによってサキャ派によるチベット史上最初の宗教政権が誕生した。ちなみに当時のモンゴル帝国のサキャ派への帰依はかなりのものだったようで、広大な領土を誇った元朝が意外に短期間で滅亡したのは、国の財産を布施としてサキャ派につぎ込みすぎ、財政が急速に悪化したことが一因であったとも言われている。

シャル派

またサキャ派は、チベット仏教史においてツォンカパと並び称される学僧プトンを輩出している。プトンは後述するチベット古密教といわれるニンマ派の家系に生まれ、幼い頃からニンマの教えを学んだが、すぐにマスターするとカギュー派などの教えも学び、出家・受戒の重要性を感じてサキャ派に入門して具足戒を受けた。そしてサキャ派入門後は顕密両方を学び、三十一歳の若さでサキャ派のシャル寺の僧院長となった。彼の才能は最大限に評価され、彼の教学は特にシャル派やプトン流と呼ばれた。

プトンには多くの優れた著作があるが、特に後世に大きな影響を与えたものとして大蔵経の目録作成がある。プトンは当時ナルタン寺に所蔵されていた大蔵経を取り寄せ、内容を精査して古密教由来のインド成立ではない経典を排除し、一方でそれらに入っていなかった新訳インド経典を増補してシャル寺に収め、目録を作成した。この目録の序文に当たるのが、有名な『プトン仏教史』である。また目録作成時にプトンは、大蔵経所蔵のすべての密教経典について、成立時期と教義内容の両方の観点から非常にバランスの取れた分類を行った。これが「タントラ四分類法」と呼ばれるもので、分類方針は非常に理に適ったものであり、現在も世界中の多くの密教研究者がこの分類法を支持している優れたものである。なおこの分類法については、後の本書第五章で詳しく触れる。

ニンマ派

これまで紹介してきたカダム、カギュー、サキャなど後伝期に成立した宗派は、前伝期には無かった新しい経典をインドから取り入れて翻訳したことから、「新しい」という意味の「サルマ」と呼ばれる。それに対してここで紹介するニンマ派の「ニンマ」とは「古い」という意味で、これまで紹介してきた宗派とは少し開宗の経緯が異なる派である。

この派は名前の意味が表わしているように、前伝期（古代チベット王朝時代）から続くチベットの呪術的な土着宗教ボン教とパドマサンバヴァの在家密教の教えが融合してできた密教をベースにしていて、古密教とも呼ばれる。非常に呪術的な要素が強く、そのため後伝期になって新訳密教（サルマ）が盛んになり密教でもサキャ派のように戒律が重要視されるようになると、古密教は黒魔術的で不純な教えとして批判されるようになった。

そこで十四世紀初めにロンチェンラプジャムパがそれらの批判に対し、教義を整備して成立したのがニンマ派である。このような成立事情のため、教義も他派とは大きく異なる独自の体系をもっている。特に有名なものはゾクチェンの教えや、仏陀によって説かれた経典は一旦我々衆生からは隠され、その経典が必要とされる時代になると、密教行者の神秘的感得によってこの世界に発掘されるという「埋蔵経典」という考え方である。この埋蔵経典の中で日本でも有名なのが、一般にチベット死者の書とよばれる『バルドゥトゥドゥル』（正式な経典名の意味は「中有《ちゅうう》における聴聞による解脱」）である。ちなみにロンチェンラプジャムパによる教義の整備以降ニンマ派と呼ばれるようになったが、当初は僧侶は皆在家密行者で出家教団を形成しなかった。しかし後に本山を創建し、出家僧も増加した。

ゲルク派

これまで見てきたように、後伝期になってチベットには様々な宗派が誕生した。チベット仏教の宗派が日本仏教の宗派と根本的に異なっているのは、顕教と密教で宗派が分かれているのではなく、すべての宗派が顕教と密教の教えを伝えているということである。これはまさにアティシャの『菩提道灯論』の影響である。しかし重要なことはこれまで述べた通り、アティシャ以降、結局どの宗派でも顕教と密教は選択的なものであって出家・受戒した僧が密教を行うことは基本許されておらず、本当の顕密両修は実現されていなかったということである。戒律を守りながら、特に性的儀礼が説かれる後期密教を実践することは理論上大変困難なことであり、そもそも仏教発祥の地インドでは十三世紀に仏教が滅亡するまで、結局この問題は根本的には解決されなかった。

しかしチベット仏教において、本家インド仏教でも解決できなかった顕密両修問題に道を示した宗派が誕生した。それが本書の主人公・ツォンカパが十四世紀に開宗したゲルク派である。

この派の開宗の経緯や教義などはまさに本書のメインテーマであり、後の各章で詳しく述べてゆく。なお同派はツォンカパ入滅後も勢力を拡大し続け、後にゲルク派の最高位の僧は当時勢力を誇っていたモンゴル帝国よりダライ・ラマの称号が贈られるようになった。そしてダライ・ラマ五世の治世に全チベットを掌握し、ダライ・ラマ政権を打ち立てた。ちなみに「ダライ」とはモンゴル語で「大海」、「ラマ」とはチベット語で「師・先生」という意味である。

第二章

ツォンカパの生涯

ツォンカパの伝説は数多く伝えられているが、これまでの研究で比較的初期に成立し、後の伝記の元となったと考えられているものにツ

1　はじめに

ォンカパ自身の著とされる『私の目指したものは素晴らしい』（Toh No.5275-58、以下『自伝』）、ツォンカパの直弟子ケドゥプジェ著『偉大なる聖師ツォンカパの素晴らしき未曾有のご事績、信仰入門』（Toh No.5259、以下『信仰入門』）と『宝のごとく貴き師の秘密の伝記、宝石の穂』（Toh No.5261、以下『秘密の伝記』）、そして同じく直弟子ジャムペルギャムツォ著『尊者ツォンカパの大いなる伝記の補遺、善説拾遺』（Toh No.5260、以下『善説拾遺』）、また他にも重要なものとして、ツォンカパの開宗したゲルク派の学僧トゥカンがチベット仏教諸派の教義と歴史を纏めた『一切の宗義の起源と綱要を示す、善説水晶鏡』（以下『一切宗義書』）の「ゲルク派の章」がある。なお大変至便なことに、これらの伝記にはすべて研究者による優れた翻訳研究が存在する（『自伝』・『信仰入門』・『秘密の伝記』・『善説拾遺』の日本語訳は石濱裕美子・福田洋一著『聖ツォンカパ伝』、『一切宗義書』の日本語訳は立川武蔵・石濱裕美子・福田洋一著『西蔵仏教宗義研究　第七巻―トゥカン『一切宗義書』ゲルク派の章―』）。

そこで本章ではこれらの研究を参照しつつ、特にツォンカパの生涯を時系列にそって丁寧に語っている『信仰入門』の記述を基本にしながら彼の生涯を辿り、ツォンカパ独自の仏教

思想がどのように形成されていったのかを探ってみたい。なお本文中で基本となる『信仰入門』以外の伝記のエピソードを参照する際、特に必要と思われる場合以外は伝記名を特に明記しない。また『信仰入門』を含め、本章ではこれら伝記に記されているツォンカパの全エピソードを紹介していない。これは紙面が限られる中、読者の皆さんにツォンカパの壮大な生涯を一つの物語として読んでもらうことを筆者が目的とするためである。従って本書を読んでさらにツォンカパに興味を持たれた方は是非、前述の各先生の翻訳された詳しい伝記を読んで、ツォンカパに対する知識を深めて欲しい。

2　誕生以前

前世

輪廻転生を信じる仏教では、釈尊もガウタマ・シッダールタとして生まれる以前、何度も生まれ変わりを経験している。この釈尊の前世の物語を集めたのが『ジャータカ』であり、そこには釈尊が前世に人間だけではなく、ウサギやサルとして生まれた時の話も記されている。釈尊でも果てしない輪廻転生の間に、かつては畜生道に落ちた事がありながらも善業を積んだ結果、最終的に人間としてこの世界に生まれ、悟りを開いたのである。

大乗仏教では、人が悟りを開いて仏になるまでの道筋が示されている。まず将来仏になろうと心に決めた者は、一度は必ず仏に直接会わなければならない。そしてその仏に対して、もし自分が仏になれたら衆生に対してどのような救済を行うかを誓う。選挙におけるマニフエストのようなものであるが、これを「誓願」という。次に誓願を仏に誓ったら、その仏から自身が将来仏になれるとの予言をもらわなければならない。これを「授記」という。誓願を立て、授記を受けた者は、大乗仏教の修行徳目である六波羅蜜の実践を行うわけであるが、それですぐに仏になれるわけではない。六波羅蜜の修行は、数え切れないほどの輪廻転生を繰り返しながら続けられる。その期間は三劫（一劫＝約四十三億二千万年）と言われている。そして最終的に人間として生まれ、悟りを開くのである。これが所謂「三劫成仏」である。

たとえば阿弥陀如来は、かつて法蔵という名の人間だった時、自分が仏になったら極楽浄土を作りたいなどの誓願（「阿弥陀の四十八誓願」）を立て、世自在王如来という仏から授記を受けて六波羅蜜の修行を続けた結果、悟りを開いて阿弥陀如来になったのである。ちなみに阿弥陀仏が誓願を立ててから悟りを開くまでには、五劫かかったとされる（五劫思惟の阿弥陀）。阿弥陀如来が普通より成仏が二劫遅くなったのは、衆生救済の悩みが深すぎたからであって、決して阿弥陀如来が修行をサボったからではない。

ツォンカパの前世物語

ツォンカパにも次のような前世物語が伝えられている。

ツォンカパは前世、大剛穀《だいこうこく》という名の修行者であった時に根頂仏に出会い、「不浄の地においても身命を顧みず、仏の喜ぶ善の道を拡げよう」という誓願を立て、授記を受けた。そしてツォンカパもまた数え切れないほどの輪廻転生を繰り返したが、かつて釈尊がこの世界に生まれた際にはツォンカパもバラモンの子供としてこの世に生まれ、釈尊に水晶の念珠を捧げたという。短い物語であるが、誓願の内容はチベットにおけるツォンカパの活躍を端的に表しており、また前世にて既に仏から授記を受けていたということは、ツォンカパの成仏を予想させるのである。

ここに取り上げた前世物語は『一切宗義書』に記されているものであるが、『信仰入門』でも最初に同じくツォンカパの前世について触れられている。しかし著者であるケドゥプジェは、前世の話を師であるツォンカパから生前聞いているが本人からそれを他言することを禁じられたのでここでは書くことができないとして、前世物語を記していない。

3 誕生

名前の由来

ツォンカパは一三五七年、アムド地方のツォンカという地に父ルンブムゲと母シンモアチューの元、六人兄弟の第四子として生まれた。ツォンカパという名前であるが、チベット語で「ツォン」＝「玉葱」、「カ」＝「村」、「パ」＝「人」、つまり「玉葱村の人」という意味で、生誕地に因んだニックネームのようなものである。

ここでチベット僧の名前について少し解説すると、チベットでは子供が誕生するとすぐに親が名前を付けるのではなく、適切な時期に僧侶に名前をつけてもらうのが一般的であるとされる。ちなみにツォンカパの本名はロサンタクペーペルといい、八歳の時、後述する沙弥戒を受けた際に師僧から名付けられたものである。

またツォンカパのように高僧をニックネームで呼ぶことはチベットでは一般的なことで、たとえば前章で紹介したシャル派のプトンは「若先生」という意味のニックネームで、本名はリンチェンドゥプである。このようにニックネームで呼ぶ理由は、チベット仏教では師匠の名前を直接口にすること（特に没後）は恐れ多いと禁じられているからで、たとえばツォンカパの場合、伝記ではニックネームでも呼ばれず、チベット語で師匠を表す「ジェ」や「ジェ・リンポチェ」（宝の如き師）と呼ばれている。

誕生

ツォンカパの誕生に関しては世界中の聖者の誕生伝説と同じく、様々な奇跡が起こったことが記されている。誕生前にはツォンカパの両親共々、母親の胎内に金剛杵や観音菩薩が入ってゆく夢を見たという。また両親だけでなく近隣の人々も不思議な夢を見たり、夢だけではなく、日常で不思議な香りや音楽、そして大地の揺れを感じるという体験を共有したという。

4 出家

受戒

ツォンカパは三歳になると、カルマ派の第四代座主ロルペードルジェから在家信者の守るべき戒である優婆塞戒《うばそくかい》を授かり、同時に彼から最初の名前クンガーニンポが与えられた。その後、すぐに今度はカダム派のトンドゥプリンチェンの元に預けられ、八歳になった時、彼から沙弥戒を授かり出家僧となった。この時法諱として名付けられたのが、ロサンタクペーペルである。

またこの時授かった戒について解説すると、「優婆塞」とは男性の在家信者のことで、優婆塞戒とは在家信者が守るべき最小限の戒であり、五戒（不殺生戒・不偸盗戒・不邪婬戒・不妄語戒・不飲酒戒）が主になる。また「沙弥」とは七歳以上二十歳未満の男性出家者のことで、沙弥戒は年少の見習い僧のための戒であり、優婆塞戒よりも少し厳しくなり十戒が基本となる。

ところでツォンカパの出家に関してトンドゥプリンチェンは、沙弥戒を授ける前にツォンカパを密教に入門させるため、密教者（持明者）の律と三昧耶戒、そして密教の灌頂《かんじょう》を授け、トンユドルジェという密号（密教の灌頂名）を授けている。出家の前に密教の灌頂を受けることは順番がおかしいと思うかもしれないが、この時ツォンカパが受けた灌頂は、日本でよく知られている密教の灌頂とは異なったものである。

日本で灌頂というと、密教の修行をすべて修めた者に授けられる伝法灌頂（阿闍梨となるための免許皆伝的な儀礼）のイメージが強いが、この時ツォンカパが受けた灌頂は、日本の結縁《けちえん》灌頂や許可《こか》灌頂に当たるもので、これから密教の修行を行う上で仏と縁を結び、弟子としての資格を認めてもらう儀礼であり、チベット仏教では密教の修行を始める前にかならず受けなければならないものである。このようにツォンカパは、幼いときから密教の修行を始めていたのである。

守護尊を授かる

さらにこの時、師であるトンドゥプリンチェンはツォンカパに、守護尊としてヴァジュラバイラヴァを授けている。数ある尊格の中でヴァジュラバイラヴァを授けた理由について、『善説拾遺』には次のような話が伝えられている。

実は元々、トンドゥプリンチェン自身がヴァジュラバイラヴァを篤く信仰していた。ある時、トンドゥプリンチェンは夢にヴァジュラバイラヴァが現れたので実際に尊顔を拝したいとお願いすると、ヴァジュラバイラヴァに「来年の今頃この地域の下方にいるからそれまで元気でいなさい」と言われた。最初、この言葉の意味を彼は理解できなかったが、瞑想に入って考えた結果、翌年のツォンカパの誕生のことだと悟ったという。そして彼は実際、ツォンカパが生まれた次の日一番に誕生祝いを持ってツォンカパの家を訪ねている。つまりトンドゥプリンチェンにとってツォンカパはヴァジュラバイラヴァの化身であり、これが守護尊としてツォンカパにヴァジュラバイラヴァが授けられた一因と考えられる。なおトンドゥプリンチェンは、ツォンカパに護法尊として他に大輪金剛手菩薩、文殊菩薩、無量寿如来、毘沙門天も授けている。しかしまだ子供だったツォンカパは、これらの護法尊を授かって最初の一年間は毎日供養したが、師の元を離れて留学する頃にはすっかりこれらの供養をやめてしまった。ところが供養をやめた途端、ツォンカパに体調不良や悪いことが立て続けに起こったため、反省して以降は供養を日々欠かさなかったという。

こうして灌頂を受けた後、沙弥戒を受けるまでの短い期間にツォンカパは様々なマンダラの儀軌を暗記し自身で瞑想を行った結果、毎晩夢の中に密教の忿怒尊の姿が現れるようになり、ついにはツォンカパが生涯最も影響を受けたインドの学僧アティシャの姿も、既にこの時夢に現れたという。後日ツォンカパは弟子に、アティシャの像を初めて見た時、まさに幼き頃に夢に見たのと同じであったと語っている。

5　沙弥ツォンカパ

中央チベットへの留学

出家後、しばらくトンドゥプリンチェンの元で修行を続けたが一三七二年、十六歳の時に師の援助を受けてさらなる修行のため、ツォンカパは中央チベットのウ地方に留学した。翌年、カギュー派のディクン寺を訪れ、ディクン派カギューの法主チェンガより大乗の儀軌などと共に、カギュー派に伝わる行法である「マハームドラー（大印の秘法）」を聴聞した。

この「マハームドラー」は同派が最も重要視する行法で、弟子の資質に合わせて後期密教の性的な儀礼が実践されることもあることから、師資相承によって伝えられる秘法である。行法の概要は、自身の心を鎮め（止）、心の本質を観察する（観）ことによって自身の仏と他ならない清らかな心の本質を悟り、即身成仏を目指すというもので、カギュー派の開祖マルパがインドに留学した際、密教行者マイトリーパから伝授されたと伝えられている。

顕教の学習

次にツォンカパは、トンドゥプリンチェンが何度も供養を行ったという師ゆかりのデワチェン寺を訪れ、「弥勒の五法」（『現観荘厳論』、『大乗荘厳経論』、『宝性論』、『法法性分別論』、『中辺分別論』）を聴聞し、すべて理解した。特に『現観荘厳論』とその註釈書の聴聞については、わずか十八日間ですべてを理解したという。

この『現観荘厳論』とは、瑜伽行唯識学派の開祖マイトレーヤ（弥勒）著とされる『般若経』（特に『二万五千頌般若経』）の註釈書である。古来からチベット仏教では『般若経』が仏教の最高の教法とされ、その註釈書として中観派の祖ナーガールジュナ（龍樹）著の『根本中頌』と、この『現観荘厳論』の二冊が、『般若経』の教え全体を広く解説しているものとして重要視されている。そして『現観荘厳論』は『般若経』の秘密の意味を解説するものとして特に重要視され、チベット仏教における般若学の基本書とされている。そして同書はツォンカパにとっても重要な論書で、彼の顕教の学習もこのように『現観荘厳論』から始まっており、彼の重要な著作の一つである『菩提道次第論』にも、主な典拠としてこの『現観荘厳論』が用いられている。

さてこの『現観荘厳論』であるが、非常に簡潔な二百七十三の偈頌で書かれていることから内容の理解には註釈書が不可欠であり、チベット大蔵経には多数の註釈書が収録されている。ちなみにツォンカパが学んだものについては、『一切宗義書』に次の典籍名が列挙されている。

ツォンカパ像（©Alamy／PPS通信社）

アサンガ（無着）『真実決択』（現存しない？）
ヴァスバンドゥ（世親）『二万五千頌般若経註』（現存しない？）
アーリヤヴィムクティセーナ

（聖解脱軍）『聖二万五千頌般若波羅蜜多優波提舎現観荘厳註』（Toh No.3787）
バダンタヴィムクティセーナ（賢解脱軍）『聖二万五千頌般若波羅蜜多優波提舎現観荘厳頌釈』（Toh No.3788）
ハリバドラ（獅子賢）『般若波羅蜜多優波提舎現観荘厳と名づくる註』（Toh No.3793）
ハリバドラ『聖八千頌般若波羅蜜多釈現観荘厳明』（Toh No.3791）
クマーラシュリーバドラ『般若波羅蜜多摂義』（Toh No.3797）
クマーラシュリーバドラ『薄我梵功徳宝集頌細疏』（Toh No.3792）
ブッダジュニャーナ『集頌細疏』（Toh No.3798）
ラトナーカラシャーンティ『現観荘厳頌註具足浄』（Toh No.3801）

これらをすべてデワチェン寺で聴聞したのかは定かではないが、例え数冊であったとしても十八日間で完全理解するとは驚異的である。さらに『一切宗義書』によると、ツォンカパは「弥勒の五法」すべてについてもそれぞれの註釈書と共に学び、二年間で完全に理解したという。

またこの頃のツォンカパはこのように顕教の学習に励むとともに、一方ではサキャ派の僧からアパラチャナ文殊やガンタパーダ流のチャクラサンヴァラの身体灌頂、グル・マハーカーラの随許（学ぶ許可。許可灌頂と同じ）などを受け、密教のさらなる修行も続けている。

学問の武者修行

一三七五年、十九歳になるとツォンカパは近隣のサンプ寺などを訪ね、タコルと呼ばれる論議を重ねるようになる。タコルとは一種の学問の武者修行のようなもので、有力な僧院をめぐり特定の経論について自己の蘊蓄を傾けて釈説し、多くの批判に供することで学問の研鑽を積む修行のことである。

さてこの論議を始めたツォンカパであったが、既にこの地では『現観荘厳論』の論議ではツォンカパに敵う者はいなかった。そしてその名声はあっという間にチベット全土に広まり、般若思想を説く者達の間でツォンカパは、「インド・チベットのテキストを理解し解説できる人」として有名になったという。

このようにツォンカパは、若くしてあっという間に博学の名を欲しいままにしたがそれに甘えること無く、さらに学問の研鑽を積むため各地の僧院に足を伸ばし、般若思想に関する議論を繰り返しながら理解を深めていった。また顕教の学習を深める一方、ツォンカパは同じ中央チベットのウ地方の西方に位置するツァン地方に留学し、大学僧プトンゆかりのシャル寺においてプトン直系のマイトリーパ流の密教を聴聞し、他僧院でもサキャ派の密教やカダム派の修道論の聴聞を続けるなど、一貫して密教の修行も進めていた。

師レンダーワとの出会い

さてこのように各所で論議を行う中でナルタン寺を訪れた際、ツォンカパはかつて『現観荘厳論』の註釈に引用されていた『阿毘達磨倶舎論《あびだつまくしゃろん》』の理解に苦しんだことを思い出した。そこで、ちょうどその時ナルタン寺にいたトンドゥプサンポから『阿毘達磨倶舎論』の解釈について講義を受けることにした。『阿毘達磨倶舎論』はヴァスバンドゥ（世親）によって著された「仏教の百科事典」とも呼ばれる大著で、日本でも昔から「唯識三年倶舎八年」と言われる位、学習には時間のかかる難解な論書である。これはさすがのツォンカパでも一回の講義ではすべてを理解することはできなかったようで、学習に苦しんでいた際、たまたま法友が所有していたニャウン・クンガーペルという学僧が書いた『現観荘厳論』の註釈を見せてもらうとその内容が非常にわかりやすく、さらにそこに引用されている『阿毘達磨倶舎論』の解説もすぐに理解することができた。そこでツォンカパはニャウンから直接教えを受けようと考え、直ぐに彼のいるツェチェン寺を訪ねると彼らから直接『現観荘厳論』の講義を受け、さらに理解を深めることができた。

喜んだツォンカパは、「ニャウンは『現観荘厳論』に引用されている『阿毘達磨倶舎論』をこんなにも易しく解説できるのだから『阿毘達磨倶舎論』自体にも詳しいに違いない」と考え、彼に『阿毘達磨倶舎論』自体の講義をお願いした。ところがニャウンは、これまで

『阿毘達磨倶舎論』の講義をしたことが無く今は他の講義で忙しいこと、そして体調不良を理由に講義を断ってしまった。失望するツォンカパに、ニャウンは代わりに自身の弟子を紹介し、彼から『阿毘達磨倶舎論』を学ぶことを勧めた。その弟子こそ、ツォンカパの生涯の師となるレンダーワである。この師弟が運命の出会いを果したのは一三七六年、ツォンカパ二十歳の時であった。

レンダーワより学ぶ

レンダーワはサキャ派の学僧で、ツォンカパは早速彼から『阿毘達磨倶舎論』を学んだが、講義はレンダーワ自身が書いた註釈書を用いて行われたという。その時のレンダーワの講義についてツォンカパは、論の内容を整理して要点をまとめていて大変わかりやすかったと、後に弟子達に語っている。レンダーワは学者としてだけでなく、先生としても優秀な人であったらしい。

またレンダーワはこの『阿毘達磨倶舎論』だけではなく、中観思想や論理学、そして密教では『秘密集会《ひみつしゅうえ》タントラ』や『チャクラサンヴァラ・タントラ』の教えにも精通しており、ツォンカパはこの時レンダーワから『阿毘達磨倶舎論』の講義以外にも、中観思想の重要論書であるチャンドラキールティの『入中論《にゅうちゅうろん》』も聴聞している。加えてレンダーワは宗教者としては密教の実践をしながらも厳格な持戒僧であったとされ、これらの事柄がツォンカパの仏教思想や戒律重視の姿勢に与えた影響の大きさは明らかであり、ツォンカパがレンダーワを生涯の師と仰いだ理由がよくわかる。

戒律の学習と不思議な体験

さてレンダーワの元で学んでいたツォンカパであったが、ある時、以前留学していたウ地方で、当時アビダルマ思想の権威で密教行者でもあったチャンチュプツェモが『阿毘達磨集論』の講義をするとの噂を聞いた。同論は『阿毘達磨倶舎論』を著したヴァスバンドゥの兄・アサンガ（無着）の著作で、初期唯識学派の論書である。ぜひ聴聞したいと思ったツォンカパはレンダーワと別れてウ地方に向かったが、チャンチュプツェモは高齢で、かつ諸事情によりすぐに故郷に帰ってしまい、結局講義を聴聞することができなかった。仕方なくツォンカパは一旦デワチェン寺に戻ったが、今度は大持戒僧と呼ばれていたキョルモルン寺の僧院長カシパ・ロセルに会いにゆき、『根本律経』とその註釈、そして関連する文献をすべて聴聞し、すべて理解した。

さてここキョルモルン寺で、ツォンカパは不思議な体験をしたという。彼が茶供養を受けに集会所に行くと、他の僧達が密教関係の経典を読誦していた。しかしツォンカパはその中で顕教経典である『般若経』を読誦し始めた。するとツォンカパに不思議な事が起こった。『信仰入門』によると、「一切の現象は意識に現れているものの、その現象をこれこれであると認識することもなく、精神は一点に集中するという状態」に深く入り、「日常生活で働いている粗い意識がなくなり、すべてが光り輝く空となり、感覚の対象になるものがないという状態」に入ったという。これをさらに伝記は「最高最善の成就者の理解が心に生じていた」（以上「」内は『聖ツォンカパ伝』より）と伝えている。この頃ツォンカパには、後に『菩提道次第論』や『真言道次第大論』によって体系化される目指すべき悟りの境地が既に体得されつつあったようである。

初の講義

このように神秘体験をしたツォンカパであったが、一方で『根本律経』の註釈を暗記している最中、上半身に痛みを感じる病にかかってしまった。痛みはパドマサンバヴァ口伝の秘法も効かず、デワチェン寺に戻って様々な治療を受けても治らなかった。さらに追い打ちをかけるようにデワチェン寺では論争や騒乱が頻発し、ツォンカパは一層憂鬱になった。そこでツォンカパはデワチェン寺を離れ、もう一度ツァン地方に向かうことにした。なおこの頃、ツォンカパには高まる名声と同時に弟子も増えており、このツァン行きには弟子達も同行した。

当初はツァン地方のサキャ寺を目指していたが、季節が冬となり寒さで体調を崩したため、途中のネーニン寺に滞在して越冬することにした。するとここにも既にツォンカパの名声が伝わっており、ツォンカパは同寺で初めて講義の要請を受けた。しかしそれは皮肉にも、チャンチュプツェモからの聴聞が叶わなかった『阿毘達磨集論』の講義であった。ところがツォンカパはこれまで『阿毘達磨集論』を熟読したことはなかったにも関わらず、この頃には文字を見ただけで意味がはっきりと心に浮かんできたという。結局ツォンカパは『阿毘達磨集論』を自分自身で読んで理解し、人生初の講義を行った。ちなみにこの時ツォンカパはまだ二十一歳であった。

師との再会

翌春、暖かくなってからサキャ寺に着くと、「道果説」を聴聞するために同寺を訪れていたレンダーワと思いがけず再会することができた。ここでツォンカパはレンダーワから改めて『阿毘達磨集論』、『入中論』、『根本律経』を聴聞した。またサキャ派の師ドルジェリンチエンパから、サキャ派の重要視する『ヘーヴァジュラ・タントラ』の註釈書であるジュニャーナガルバ著『二分別』の講義も聴聞した。

またこの時ツォンカパは、昨年冬から続く上半身の痛みをレンダーワに相談した。するとレンダーワはツォンカパに老法友を紹介し、ツォンカパはその彼から「中性音のハ音」を出すという不思議な治療法の口伝を受けた。そしてその口伝を実行したところ、すぐに痛みは完治したという。この老法友について伝記に詳しいことは全く書かれていないが、パドマサンバヴァの秘法でも効かなかった病を治したのだから、よほど優れた呪術者だったのであろう。

論理学の学習

翌一三七九年、二十三歳になったツォンカパは暖かくなるとレンダーワと共にガムリンに行き、夏が終わるまでそこに滞在した。その地でレンダーワは『阿毘達磨集論』の註釈書を書き、ツォンカパはそれを書いた端から読み、理解していったという。また同時に『量評釈(プラマーナ・ヴァールティカ)』のダルマキールティによる自註『量評釈自註(プラマーナ・ヴァールティカ・スヴァヴリッティ)』の講義も聴聞することができた。

秋になるとツォンカパは一旦ウ地方に戻り、そこで再会した友人達の勧めや母からの懇願もあったので、実家のあるアムド地方に久しぶりに帰ることにした。ところが帰省の途中、メルドラルンで突然ツォンカパは帰るのをやめてしまったという。伝記によると「「何であれそのようなことは必要ないのだ。今や、東北チベットや故郷には決して行かない、と誓いを立てよう」と、悲しみの混じった強い決意をなされて、突如として、故郷の下アムドに行くのをやめることを決断した」(『聖ツォンカパ伝』より)という。この突然のツォンカパの決心についてそのきっかけや理由についてはなにも記されていないが、本当に強い決心だったようで、この後ツォンカパが故郷に帰ったという記述はどの伝記にも見当たらない。

結局ツォンカパはそのままメルドラルンに留まり、ソナムタクパより聖典の音読儀礼を受け、合間に籠もり修行を行った。この籠もり修行中、『量評釈』の註釈書『論理の蔵』の第二章「修道の解説」を熟読したことによってツォンカパはダルマキールティの流派と論理学の伝統に信心を起こした。それ以降、ツォンカパは『量評釈』のテキストを見ただけで総毛立ち、涙をこらえることができないことが度々起こったという。

さてここで改めて『量評釈』について解説すると、本書は「仏教論理学の大成者」と言われる唯識学派の論師ダルマキールティ（法称）の著作である。ダルマキールティには同じく『量決択（プラマーナ・ヴィニシュチャヤ）』という論書があり、初期のチベット仏教論理学ではこちらが重要視されていた。しかしサキャ派の大学匠サキャパンディタの直弟子ウユクパによってチベット人による最初期の『量評釈』の註釈書『論理の蔵』、つまり前述のツォンカパが信心をおこしたこの註釈書が著されて以降、チベット仏教論理学では『量評釈』が基本となったとされている。

ツォンカパは後に中観帰謬《きびゅう》論証派（一七八頁参照）の立場を取るようになり、唯識学派の思想には批判的になってゆくが、彼はその後も『量評釈』の理解に非常に努力し、ゲルク派開宗後は同派で僧侶が学ぶべき五明（五つの学問）のうちの因明（論理学）の基本テキストとし、この伝統は現在のゲルク派でも受け継がれている。このようにツォンカパが『量評釈』を重要視した理由は、前述のようにツォンカパが同書の特に第二章「修道の解説」に着目したことからも伺われるが、論理学の書であること以上に、解脱道を説くことにツォンカパが特に深い共感を持ったことが理由であると考えられている。

さてツォンカパはその年の冬はデワチェン寺に滞在し、翌年、春になると論議のためツァン地方に向かい、ナルタン寺に到着した。そこでツォンカパはトンドゥプサンポに勧められ、論理学の註釈書の講義を聴聞した。面白いことに伝記によるとツォンカパは、興味は無かったが仕方なく聴聞したようである。

夏になると同寺で『量評釈』、『阿毘達磨集論』、『阿毘達磨倶舎論』をテーマに論議を行った。ちなみにこの頃のチベットでは、『阿毘達磨集論』と『阿毘達磨倶舎論』はセットで『阿毘達磨上・下』とされていた。

声明（サンスクリット学）の学習

その後、レンダーワがボトンに来たことを耳にしたツォンカパは同地のエ大僧院を訪ね、そこでナムカーサンポより『詩鏡註』などを聴聞した。

このナムカーサンポという人物であるが、彼はインドのサンスクリット文学最高傑作の一つとされるカーリダーサ（四～五世紀）著の叙情詩『メーガドゥータ（雲の使い）』のチベット語訳『ティンキポニャ』の著者で、サンスクリット文法に精通した学者であった。そしてこの『詩鏡註』とはインドから十三世紀以降にチベットに伝わったサンスクリット詩論書

『詩鏡』の註釈書で、『信仰入門』には同書をただ聴聞したとしか記されていないが、『善説拾遺』によるとこの時ツォンカパは、ナムカーサンポから他にも『カラーパ・スートラ』、『チャンドラ文法』など、サンスクリット文法学に関するテキストを聴聞し、すべてに通暁したが、それを彼は決して表に出すことはなかったという。確かにツォンカパの著作にサンスクリット文法学及び、サンスクリットを元にした論議を見ることはできないが、とはいえ同じく『善説拾遺』によるとツォンカパは、『詩鏡註』をマスターした成果として弁財天の讃歌『蓮のかんばせに蜂のような目』（Toh No.5275-51）という詩を書き、カーヴヤ（美文体サンスクリット）をマスターした者としてもチベットで名声が高まり、翌年チェンガ・タクパチャンチュプが亡くなった際には頼まれて彼の伝記『伝記スメール山』（Toh No.5275-71）を書き、最高の詩人と絶賛されたという。そうであるならば、四十一歳の時に彼が著した、縁起を説いた仏陀を称賛した詩『縁起讃』にもカーヴヤの知識が発揮されているのであろう。

いずれにせよ、ツォンカパがサンスクリットの知識を隠したというのは、本当に不可解な話である。

中観の学習

さてエ大僧院でレンダーワに再会したツォンカパは、彼から中観思想、論理学、そして

『阿毘達磨倶舎論』を聴聞した。また般若思想と律に関しては、レンダーワとナムカーサンポの二人から何度か聴聞した。しかし『入中論』以外の、『根本中頌』を始めとする「中観思想の六論書」を聴聞することはなかったという。

「中観思想の六論書」とは、中観派の祖ナーガルジュナが著した『根本中頌』、『六十頌如理論』、『空七十論』、『廻諍論』、『ヴァイダルヤ論』、『宝行王正論』の六書のことで、ツォンカパ自身も後にこれらの註釈を著している。そのような論書をツォンカパが聴聞しなかったのは、伝記によるとこの頃のチベット仏教界ではナーガルジュナの中観思想は衰退していて、ツォンカパが聴聞したくても講義をしてくれる先生がいなかったというのが理由のようである。

さてこの後二人はサキャに行き、そこでツォンカパは論理学、中観思想、般若思想、アビダルマ思想、律といった難解思想の論議を行った。チベット仏教では『根本中頌』(中観)、『現観荘厳論』(般若)、『阿毘達磨上・下』(アビダルマ)、『根本律経』(律)、あるいは『根本中頌』の代わりに『量決択』(後に『量評釈』)(論理学)を入れた四聖典を理解困難にして重要な四大宗典とし、これをチベット語で「カシ」という。そしてこの四大宗典に精通した者をカシパと呼び、学匠として尊敬する。つまりこの時既にツォンカパは、カシパとなっていたのである。ちなみに伝記によるとツォンカパは、本当はもっと他のテキストについても論議を行いたかったが、当時サキャにはそういう風潮がなかったのでやめたという。

サキャでの論議を終えたツォンカパは、その後すぐにウ地方に行き、グンタン寺、サンプ寺、ツェタン寺などを順に訪ね、引き続き難解思想の論議を行った。

6　比丘ツォンカパ

具足戒を受ける

一三八一年、二十五歳になったツォンカパは、ナムゲル寺においてシャーキャシュリーバドラの戒律の伝統を受け継ぐ集会堂の長ツルティムリンチェンを親教師、チジンパ殿長である持戒僧シェルゴンパ長老を羯磨師、チジンパ殿の読誦師であり律僧のソナムドルジェを密教師にして具足戒を受けた。具足戒とは二十歳以上の大人の出家者が受ける戒で、この戒を受けることは完全な出家者である比丘になったことを意味する。このように戒を授かる授戒会は多くの配役を必要とする盛大なもので、授けられる戒も具足戒になると数が二百五十(律の種類によって多少の違いがある)と膨大になる。また授戒の儀式に密教師が入るのは、チベット仏教の特色である。アティシャの『菩提道灯論』に基づいて顕密両修を標榜するチベット仏教では、このような形式で具足戒が授けられるのである。

さて具足戒を授かると早速ツォンカパは、パグモドゥ・カギュ派の本山テル寺にてチェンガ尊者タクパチャンチュプより「道果説」のすべての口伝と「ナーローの六法」、ジェ・パグモドゥパと法王ジクテンゴンポの全集を聴聞し、実践することによってパグモドゥ・カギュ派の究極の悟りの境地を獲得した。またこの聴聞の合間にはオンの仏殿ケルに行き、僧達に対して般若思想、論理学、中観思想の講義を多数行うなど、精力的に活動している。またこの時の面白いエピソードとして、チェンガ尊者はツォンカパと仏法について語り合った際、ツォンカパの信仰の深さに感涙すると同時に、この若さでの彼の優れた才能に自身を比べひどく落胆したという。

はじめての著作

具足戒受戒後、精力的に講義活動を始めたツォンカパであったが翌一三八二年、キショー渓谷のツェルに行くとそこに四年間滞在し、チベット語に訳出されたすべての経典と論書を熟読したという。ツォンカパの複数の伝記には、確かにこの四年間の講義や論議、あるいは聴聞に関する記述が一切見られず、本当に経論研究に没頭していたのであろう。

そしてその成果としてツォンカパは、『現観荘厳論』とその註釈書に対する註釈書『善説金蔓』(Toh No.5412)を著した。実際の著作活動についてもう少し詳しく解説すると、この四年間に考えた内容を翌年の一三八六年に同じくツェルで大部分を著述し、さらに翌年の一三八七年、ツォンカパ三十一歳の年にデワチェンで最終的に完成させたとのことである。

この『善説金蔓』は前述のように『現観荘厳論』の註釈で、インド撰述の註釈を多数引用しながら解説されているが、ツォンカパにとっては初期の作品ということで彼独自の思想は特にまだ見ることはできない。また『現観荘厳論』は唯識派の論書であることから、ツォンカパ自身の理解も瑜伽行唯識派及び中観自立《じりつ》論証派の論理に依拠している。つまりツォンカパが帰謬論証派に転じる前の著作である。

密教の学習

キショーでの四年間の滞在後、ツォンカパは前述のように『善説金蔓』の著作を行いながら一方でデワチェンなど、各地を訪れ般若思想や論理学、中観思想、アビダルマ、律に関する多数の講義を行っている。

さてこの頃からツォンカパは密教への関心が強くなっていったようで、伝記にも密教の学習に関する記述が増えてくる。まず一三八六年には著述や講義で多忙な中、ツェル派の師トクデン・イェーシェーゲルツェンより『カーラチャクラ・タントラ（時輪タントラ）』の註釈書『ヴィマラプラバー（無垢光）』を聴聞している。『カーラチャクラ・タントラ』はインド仏教で最後に成立したとされる経典で、プトンは無上瑜伽・双入不二タントラに分類し、最も権威あるタントラとしている（しかしツォンカパは価値を認めず、ゲルク派では無上瑜伽・母タントラに分類される）。ツォンカパはかなり研究に打ち込んだようで、伝記によると聴聞した翌年の冬は『カーラチャクラ・タントラ』の研究に没頭したという。

一三八八年、ツォンカパはゾンチ・タクパリンチェンパの招請を受けてヤルルン地方に向かうつもりでシンポ山に来たが、ゴンカル寺のゴムパ法王からも招請をうけていたので、春はゴンカルの五明仏殿に滞在し般若思想、論理学、『阿毘達磨上・下』、『根本律経』を講義し、それが終わってからヤルルン渓谷のムンカルに滞在して三蔵を説くという大変忙しい日々を送った。一方でこれらの講義の間も密教の灌頂や本尊の随許を授けたり、聖典の音読儀礼や口伝を行うなど、密教の布教活動を行っている。このようなツォンカパの積極的な密教の布教活動はこれまで見られなかったものであり、彼のこの時期の密教への強い傾倒が伺われる。

しかし顕教の研鑽にも一切手を抜くことはなく、その年の冬には『量評釈』、『般若経』、『阿毘達磨上・下』、『根本律経』、「弥勒の五法」から『大乗荘厳経論』を除いた四書、「中観思想の六論書」から『宝行王正論』を除いた五書、『入中論』、『四百論』、『入菩薩行論』の計十七冊の論書の講義を、チベット撰述の註釈書を参照しながらなんと三ヶ月で終えるという離れ業を行っている。しかもその最中にもツォンカパは、守護尊であるヴァジュラバイラヴァの灌頂の追体験、生起次第・究竟次第の瑜伽などを不断に行っていたという。

さらに翌年一三八九年の夏にはヤルルンのオカルタクで厳しい籠もり修行に入り、チャクラサンヴァラの修習とマントラの読誦、四座の瑜伽、灌頂の追体験を何度も行い、同時に「ニグマの六法」の瞑想も身につけた。ちなみに「ニグマの六法」とは、カギュー派に伝わる密教行者ナーローパの女性パートナーであったニグマの教えである。この他にもチャンダーリーの瑜伽を毎日八百回行い、その結果チャンダーリーの瑜伽の本尊の境地を何度も経験したという。

ウマパとの出会い

一三九〇年の春、密教経典の解釈や灌頂、作法、口伝などのさらなる学習、そしてレンダーワといくつか討論する必要がでてきたため、ツォンカパはツァンを訪ね、ロンのヌプチューールンに滞在した。

ちょうどその時、ツォンカパの二人の侍僧がデムチョクテンという隠棲所に滞在していたウマパ・ツォンドゥーセンゲと法縁を結ぶ機会があり、彼らはウマパから自分に弁財天の随許を授けてくれるようツォンカパに頼んでほしいと依頼された。そこで二人はウマパをツォンカパに紹介し、ツォンカパは快諾してウマパに弁財天の随許を授けた。その後二人が互いに話をしていると、ウマパは故郷の東北チベットで家畜守りをしていた時からずっと文殊菩薩の姿が見えたり、声が聞こえたりすることがしばしばあり、そして実は弁財天の随許を頼んだのも文殊菩薩の導きであったとツォンカパに打ち明けた。そしてウマパはツォンカパに、自身の体験は本当なのか確かめてほしいと頼んだのである。そこでツォンカパがウマパの見る文殊菩薩に対して中観思想などの質問をすると、完璧な回答が帰ってきたことから、彼はウマパの心に現れている文殊菩薩は本物だと確信した。

思いがけなく文殊菩薩と出会うことが出来たツォンカパは喜んでもっと多くの質問をしたかったが、レンダーワとタクツァンで先約があったため、後日改めて会って聴聞したいとウマパに告げてタクツァンに向かった。タクツァンでは大僧院長タクパゲルツェンとレンダーワ、トンドゥプサンポ、そしてツォンカパと侍僧達、さらに他の僧達も多数集まって大法話会が開かれた。ツォンカパはこれらの法話を聴聞し、そして当初の目的であったレンダーワと難解な箇所を討論して、解釈を決定することができた。

本格的密教修行

タクツァンに滞在中、二人はパウパニェに行き、そこでツォンカパはレンダーワから『秘密集会タントラ』根本タントラの講義を聴聞した。これまでツォンカパはレンダーワから顕教に関する聴聞は数多くしているが、密教に関する聴聞はこの時が初めてである。ここで思い出して欲しいのだが、レンダーワはサキャ派の学僧で厳格な持戒僧でありながらも、『秘密集会タントラ』や『チャクラサンヴァラ・タントラ』の教えにも精通した密教僧でもあった。ツォンカパとレンダーワが初めて出会ったのがツォンカパ二十歳の時、そして『秘密集会タントラ』を初めて彼から聴聞したのはツォンカパ三十四歳の時である。一方でレンダーワ以外からツォンカパは、これまで何度も密教に関する聴聞をし、実践修行も行っている。なぜ十四年間もレンダーワは、ツォンカパに密教を講義しなかったのであろうか。その理由は、レンダーワからの『秘密集会タントラ』聴聞後の出来事から推測することができる。

レンダーワからの聴聞後すぐにツォンカパは、次はコンスムデチェン寺のチューキペルワから『カーラチャクラ・タントラ』を聴聞したいと思った。想いは相当強かったようで、その夜にはチューキペルワがプトンからカーラチャクラの大註釈の講義を十七回聴聞したという夢までみたという。そこで翌朝、早速レンダーワに相談した所、レンダーワは意外な返答をしている。彼はツォンカパに、密教の研究には時間がかかり、一方で三蔵の講義を行うことは利益が大きいので、今暫くは講義をしたほうがいいといって、暗に密教を学ぶことを諌めたのである。この時のツォンカパの内心を窺い知ることは難しいが、レンダーワに対して「今はとても密教を学びたい気持ちなので、先に密教の研究をする」とし、さらに「私は密教の学習を他人に薦められたことはなかった。小さい頃から密教を知りたいと激しく思い、あらゆる密教経典を全部学びたいと最初から思っていた」(『聖ツォンカパ伝』より)と答えている。

前章でも少し触れたが、当時のチベット仏教界はアティシャの『菩提道灯論』によって顕密の融合が図られていたとはいえ、実際は顕教を行う者は密教を嫌い、密教を行う者は顕教を嫌うのが常だったようである。特に密教では、行き過ぎた性的瑜伽の実践や密教僧による呪殺などが横行しており、レンダーワもそれを危惧していたと考えられる。しかしツォンカパの密教への想いは全く変わることはなかった。

この後レンダーワはサキャに帰り、ツォンカパはウマパの居るロンのチュールン寺に行った。ここでツォンカパはウマパと法談を交わしながら文殊菩薩の法を多数聴聞し、同時に密教の思想を聴聞して成就法の実践を決意したという。この時、ツォンカパの本格的な顕密両修への道が始まったのである。

カーラチャクラの学習

この年の秋の終わりにツォンカパは、ニャントーのコンスムデチェン寺に到着し、プトンの高弟の一人で『カーラチャクラ・タントラ』に精通していたチューキペルワに会い、念願叶って『カーラチャクラ・タントラ』の註釈書『ヴィマラプラバー』を聴聞することができた。しかしこの時、既にチューキペルワは『ヴィマラプラバー』の講義を始めていて、ツォンカパが聴聞を頼んだ時には全五章の内、第一章の講義が終わっていた。しかしチューキペルワは第二章から講義を初めて最後まで行くと、ツォンカパのために第一章も講義してくれたという。ちなみにツォンカパがチューキペルワに、前述のチューキペルワがプトンからカーラチャクラの大注釈の講義を十七回聞いたという夢の話をすると、チューキペルワはそれは本当だと答えたという。

『ヴィマラプラバー』の聴聞後もツォンカパはそこに滞在し、チューキペルワから他の密教経典の註釈や作法の指導、「六支瑜伽」の体験の手引などをすべて聴聞した。ツォンカパはさらに瑜伽タントラの音読講義とその解釈もすべて聴聞したいと思い、まず作法を学ぼうと瑜伽師ゴンサンを招き、ニャン渓谷にあるティツァカンという所に滞在して、『真実摂経《しんじつしょうきょう》』、『吉祥最勝』などの瑜伽タントラの大曼荼羅の墨打ち法、マンダラに正念を入れるための舞踏、声明、マンダラの儀軌のアレンジの仕方、印の結び方などを学んだ。

その後再びコンスムデチェン寺に戻ると、チューキペルワからアバヤーカラグプタのマンダラ儀軌に関する三部作『ヴァジュラーヴァリー』（マンダラの制作法と、マンダラを用いた儀礼のテキスト）、『ニシュパンナヨーガーヴァリー』（マンダラ観想法のテキスト）、『ジョーティルマンジャリー』（護摩儀軌）の三書（『環の三部作』と呼ばれる）について灌頂、音読儀礼、テキストの解釈の指導を受け、これらをすべて理解した。さらに世尊大輪金剛手などの灌頂、テキストの音読儀礼を受け、口伝などについても多数聴聞した。

ここでチベットにおける密教の基本的な学び方について解説すると、現代のチベット仏教では資格ある師より灌頂の儀軌に則った灌頂を受け、口伝は一言一句そのまま耳で聞き、一方で講伝に際して阿闍梨には、自分の解釈を入れずに伝統のとおりに弟子に伝えることが重視され、これを「ワン（灌頂）・ルン（口伝）・ティー（講伝）・スム」という（高松宏寶「チベット仏教におけるニンマ派の現代の教学について」『現代密教』第二十七号）。つまりこの時のツォンカパの密教の学び方も、この「ワン・ルン・ティー・スム」に準じていることが解る。

さてツォンカパの密教学習はさらに深められてゆく。一三九一年の秋の終わりから翌年の夏にかけてシャル寺に滞在し、キュンポレーパが保持していた教えをすべて学んだ。このキュンポレーパについてツォンカパは、会う以前に「私はキュンポレーパである」と名乗る老師に会うという不思議な夢を見ており、キュンポレーパと初めて会った際、彼の姿は夢で見たものと同じであったという。この時学んだ内容は、四タントラ（所作・行・瑜伽・無上瑜伽）すべてについての灌頂・口伝の大半、特にサキャ派とプトン流の瑜伽・無上瑜伽の諸法のすべて、さらにその中でも『秘密集会タントラ』については、後にツォンカパが信奉する聖者流を初めとしてジュニャーナパーダ流、クンガーニンポ流など、当時チベットに伝わっていた様々な流儀を学んだ。

キュンポレーパからすべてを学び終わると、再びまたコンスムデチェン寺のチューキペルワの元を訪ね、ヴァジュラガルバ著『ヘーヴァジュラ・ピンダールタ・ティーカー』、ヴァジュラパーニ著『サッダンガヨーガ・ナーマ』、ナーローパ著『パラマールタサングラハ・ナーマ・セーコッデーシャティーカー』など、『カーラチャクラ・タントラ』関係の論書を多数聴聞した。またプトンの『秘密集会タントラ』の聖者流とジュニャーナパーダ流についての法話を聴聞した。

その後チューキペルワが故郷に帰ったので、ツォンカパはパクパ山にシャル寺のゲルツェンタクパを招き、瑜伽タントラの作法の復習をした。その際、彼からプトン著『金剛出現大疏』、瑜伽タントラの根本タントラである『真実摂経』とその釈タントラにあたる『金剛尖タントラ』、『吉祥最勝』、『悪趣清浄タントラ』、註釈書であるアーナンダガルバ著『真実光明』、シャーキャミトラ著『コーサラの荘厳』、アーナンダガルバ著『吉祥最勝の大註』など、瑜伽タントラに関する経典と註釈を多数聴聞した。

ガーワドンの啓示

一三九二年の秋になるとツォンカパは、ウマパとウ地方のガーワドンを訪れ、まずラサの尊き釈迦牟尼仏像に祈願を行い、その後二人でガーワドンで籠もり修行に入った。ちなみにこの「ラサの尊き釈迦牟尼仏像」とは、現在のチベット・ラサのチョカン寺の本尊で、かつて唐朝の皇女・文成公主がチベット王ソンツェンガンポに嫁ぐ際、唐から持ってきたとされる仏像である。

さてこの籠もり修行でツォンカパは、ウマパを通じて文殊菩薩に中観思想や顕教・密教の教義、そして無上瑜伽タントラの修道論などについていくつか質問した。それに対して文殊菩薩より、空性理解については中観帰謬論証派が、密教においては『秘密集会タントラ』聖者流が正しいということ、また『秘密集会タントラ』の修道は『パンチャクラマ（五次第）』を重要視すべきことを教えられた。これが後のツォンカパの教学の方向性を決定づけた「ガーワドンの啓示」である。

ここで興味深いのが、ツォンカパの中観に対する見解の質問である。伝記によると、この時ツォンカパは文殊菩薩に対して自身の当時の中観理解について「自ら承認することは何もなく、何も自説として主張するのでもなく、相手の立場にたっただけの中観の見解が正しい」(『聖ツォンカパ伝』より)という非常に虚無論的な考え方を披露している。そして文殊菩薩に対し、この考えは帰謬論証派と自立論証派のどちらの考え方であるかと質問したところ、「どちらでもない」という非常にそっけない回答を文殊菩薩より受けている。ツォンカパの考えは文殊菩薩によって完全否定されたのである。

しかし文殊菩薩はただ否定しただけではなく、ツォンカパに今後の仏道修行について、肝要な部分と研究の仕方を多数示したという。その内容は伝記によると、「これから以降、師と本尊を一体とみて祈願をたてなさい。以前に積んだ罪業を清め、覚りの元となる資糧を増やすべく、『善業を行い罪を清める修行』に励みなさい。大祖師達の理論によって、顕教経典や密教経典やその註釈の内容を詳しく研究しなさい。以上の三つをまとめて絶えず実修しなさい。そうすれば、遠からずして、哲学思想の肝要な部分を究め、顕教経典と密教経典のすべての内容を誤ることなく理解できるようになるだろう。今から顕教の講義をしても一時的な利益しかないので、しばらく遁世して人里離れた静かな場所によって修行に邁進しなさい」(『聖ツォンカパ伝』より)というものであった。

またこの時の啓示について、『秘密の伝記』にはさらに詳しい記述がある。一つはレンダーワについてであるが、文殊菩薩は聖者流の中観と『秘密集会タントラ』について、チベットにおいてレンダーワほど優れた者はいないと言いつつ、一方で彼ではツォンカパを完全に理解させることはできないとし、今後はウマパを通して自分に直接質問するようにとツォンカパに言ったという。しかしウマパは他方に行かなければならないので、その間は籠もり修行に入り、前述の文殊菩薩の示した三つの修行に励むことを勧めている。

もう一つはツォンカパはこの時、文殊の法を多数聴聞しウマパを文殊菩薩と一体とみなして本尊の親近修行を行った結果、ついに文殊菩薩の姿を初めて直接見ることができた。ちなみにその時の文殊菩薩とは、アパラチャナ文殊であったという。そしてこれ以降、ツォンカパはいつでも文殊菩薩の姿を見ることができるようになり、しかも文殊菩薩の随許を授ける際には単尊の文殊菩薩の姿、密教の成就法を授ける際には明妃との合体尊の姿、護法尊の随許を授ける際にはヴァジュラバイラヴァの姿を見たという。ちなみにヴァジュラバイラヴァは文殊菩薩の忿怒形である。

籠もり修行の実践

さてその後、ウマパがドカムに向かうというのでツォンカパはラサまで見送りに来ると、同地のチョカン寺でウマパに『秘密集会タントラ』の四つの灌頂すべて（瓶・秘密・般若智・第四の四つの灌頂。日本密教の伝法灌頂に当たる）を授けた。これまで師であったウマパに、弟子であったツォンカパが灌頂を授けたのである。これは間違いではなく、チベットでは弟子が優秀に育つと、師弟が入れ替わることもあるのである。灌頂を終えてウマパがドカムに向かうと、ツォンカパはキョルモルン寺に行き、秋の終わりまで同寺で多数の法を説いた。

季節が変わり冬なると、ツォンカパはキョルモルン寺からウルカ地方に八人の侍僧を連れて向かい、春までチュールン寺に滞在して籠もり修行を行った。ここでツォンカパは五体投地を百回行い、指の先が擦り切れるまでマンダラを献ずる所作などを無数に行った結果、五体投地をするたびに懺悔三十五仏の姿が見えるようになった。しかしこの時見えた仏の姿を、ツォンカパは最初自身の妄想であると考えていた。ところが八人の侍僧の内の一人に文殊菩薩の姿が現れ、彼にツォンカパの見た仏の姿は本物であり、その仏に祈願すれば善い出来事が起こると伝えた。それを聞いてツォンカパは、自分の意識に現れた仏を信頼するようになったという。ちなみに『善説拾遺』によると、後にツォンカパが密教専用堂であるヤンパチェンを建立する際、懺悔三十五仏の壁画を描こうと思ったがどの経典にも姿や持物についての記述がなく困っていたところ諸仏が虚空に出現し、その姿をそのまま堂内の壁面に描いたという。なお懺悔三十五仏は、後述の弥勒寺再興の時にも出現している。

このようにツォンカパは「ガーワドンの啓示」以降、文殊菩薩を始めとする諸尊から直接アドバイスを受けることが多々あったようで、たとえば後日談として、このチュールン寺において別の時期に籠もり修行を行った際、ツォンカパの意識中に巨大な文殊菩薩と取り囲む仏菩薩、そしてナーガールジュナ、アーリヤデーヴァを始めとする多くのインドの論師達の姿が現れた。ところが、やはりこの時もツォンカパは最初自分の意識に現れた諸尊の存在を信じず、文殊菩薩に信じるよう諭されている。ちなみに諭された際、ツォンカパは光り輝く巨大なヴァジュラバイラヴァの姿をみたという。（文殊菩薩が忿怒形で現れたということは、毎回現れた諸尊を信じないツォンカパに文殊菩薩がついに怒ったのかもしれない。）

さて文殊菩薩の啓示に従って籠もり修行を続けるツォンカパであったが、この行中に『華厳経』を始めとする菩薩行を説く経典を熟読し、弟子たちに菩薩行の素晴らしさと大乗を学ぶことの重要性を説いていている。ところが一方でこの時文殊菩薩は、改めてツォンカパに今後は菩薩行のような衆生教化よりも自身の悟りを獲得するため、実践修行と籠もり修行を優先することを勧めている。その内容は『秘密の伝記』によると、「これらの粗野で教化し難い衆生に対していくら講義をしても、大きい利益がどうして期待できようか。それよりも、覚りの境地を得るための実践修行に邁進し、隠棲所に籠もりなさい。そうすれば自利利他の利益になる道を得られるだろう」（『聖ツォンカパ伝』より）というものであったという。非常に冷たいアドバイスとも感じられるが、自身がまず成仏し、自身が獲得した偉大な仏の力によって一人でも多くの衆生を救済しようとする菩薩行の考え方は、ツォンカパの代表的著作である『菩提道次第論』の基本理念につながるものである。

弥勒尊の再興

ツォンカパはチュールン寺での籠もり修行を終えると一三九三年の夏、ウルカにあるジンチの弥勒尊を参拝し、供養を行った。しかし伝記によると「仏殿は劣化してボロボロになり、弥勒尊も墓場でひっくり返って、不浄な鳥の糞などに汚れるままになっていた」(『聖ツォンカパ伝』より)とあり、かなり荒れ果てていたようである。これに心を痛めたツォンカパは翌年の春、仏殿の再興事業を行った。『秘密の伝記』によると事業中に様々な吉祥の奇跡が起こる中、文殊菩薩からツォンカパに著作についての啓示があり、それに従って弥勒仏を讃嘆する『光輝く宝灯』(Toh No.5275-30)や、啓示内容を編纂した『極楽に生まれるための祈願文、最高の国の扉を開くもの』(Toh No.5275-69)、『すべての仏国土を一つにまとめた極楽に生まれるための願文』(Toh No.5275-18~23?)を著した。

仏殿の修復が終わるとツォンカパは秘密文殊のマンダラを建立し、自身が開眼法要を行うと同時に弟子達に秘密文殊の灌頂を授けた。この弥勒尊の再興は、ツォンカパの四大事績の一つに数えられている。

インド行きを断念する

弥勒尊の再興を終えるとツォンカパは、ロダクパ・ナムカーゲルツェンの招請を受けてロダク地方のダオ寺を訪れ、その地に七ヶ月滞在してロダクの僧達に『大乗集菩薩学論』などを講義した。またロダクパには五大陀羅尼（『大随求陀羅尼』、『守護大千国土経』、『孔雀王呪経』、『大寒林陀羅尼』、『大護明陀羅尼』）の灌頂などを授け、同時にツォンパカも彼から修道カリキュラムの手引を聴聞した。

さてこの頃ツォンカパには、チベットに伝わっている経典や論書、口伝はすべて学び尽くしたとの思いがあった。（一見慢心ともとれるが、これまでツォンカパが学んだ諸経論の数々を思い起こしてみれば、決して慢心とは言えないところがツォンカパの凄いところである。）そこでツォンカパは自らインドへ行き、かつてアティシャも学んだオーダンタプリー寺やナーレンドラ寺でインドの師から中観思想や密教、特に『秘密集会タントラ』と『チャクラサンヴァラ・タントラ』の法を学ぼうと考えた。ところがインド行きの準備の最中にツォンカパの意識に文殊菩薩が現れ、「もしインドに行けば素晴らしいことがあるだろうが、弟子の多くはインドの暑さで死んでしまうだろう」（『聖ツォンカパ伝』より）と諭され、結局ツォンカパはインド行きを止めてしまった。また『秘密の伝記』によるとツォンカパはインドに向かう途中、ロダクでたまたま出会った行者から「インドに行けば大学者となり、僧院長にもなれるだろうが、寿命は短いので弟子を教えることが難しくなるだろう。だからチベットに残り、文殊菩薩を祈願しなさい」（『聖ツォンカパ伝』より）と、やはりインド行きを止められたという。

いずれにせよツォンカパのインド行きは、周囲の反対によって実現しなかった。ただ実際この頃（十四世紀末）のインドは、一二〇三年にヴィクラマシーラ寺がイスラム教徒に破壊されて以降、北インドを中心にイスラム化が進み、仏教は衰退していた時代である。結果としては、ツォンカパがインドに行かなかったことは正しかったのかもしれない。なおロダクで会った行者はカダム派の行者だったようで、この時インド行きを諦める代償として、ツォンカパにカダム派の諸法と大輪金剛手の法を伝授したという。

またこのエピソードは、日本の明恵上人の説話と非常に似ていて興味深い。釈尊に心から憧れていた明恵上人はインド行きを計画し、『天竺里程記』というインドまでの道程表まで作成した。しかしインドに行ったら身体を壊すと弟子達に止められ、ついには夢に春日明神が現れてインド行きを止められ、結局明恵のインド行きは叶わなかった。ちなみにこの説話は、能の演目「春日明神」としてよく知られている。

戒律の重視

この頃ツォンカパは戒律の重要性を強く感じるようになり、ジンチの弥勒尊に三衣、托鉢、錫杖を捧げ、様々な供養を行っている。文殊菩薩から再三に渡って戒律の重要性を説かれ、その結果ツォンカパは清浄なる戒律こそが仏教の根本であり、戒律の復興こそが仏教の衰退を食い止める唯一の方法であると確信を持ったからだという。前述のように、この頃のチベット仏教界は密教の行き過ぎた性的瑜伽の行法や不道徳な呪術行為などが横行し、持戒の文化が廃れていたのである。

修道カリキュラムの確信

インド行きを諦めたツォンカパは翌一三九五年、ニェル地方ロロの上ロロタクに五ヶ月間滞在した。そして、ここで彼は運命的な論書に出会う。十一世紀のカダム派の僧ドルンパ（彼はディンレー寺を建立したことから、ディンレーパとも呼ばれた）の著した『教次第大論』である。この書が上ロロタクに請来されていたのを知ったツォンカパは、自身で同書を受け取りに行き、供養をしてから読んだという。そして同書によってこれまで色々と疑問に思っていたことに確信を持てるようになったツォンカパは、読後にこの『教次第大論』を一通り講義してから籠もり修行に入り、最終的にナーガールジュナとアサンガの修道論（つまり中観と唯識）が正しいという確信に至った。

それからさらに経典、註釈書などを詳しく研究する中でツォンカパは、小・大乗に共通の修行から始まり大乗独自の修行、さらにその先に密教の修行を実践するという修道カリキュラムの内容、順番、細目に確信を持ち、経典や註釈の一部を抜き出して実修するのではなく、併せて体系的に実修しなければならないという考えに至った。そして最終的に、どのような資質の者であっても、その者の能力に応じた実習作法を自ら実践することによって悟りを達成することができる、簡明かつ効果的な修道カリキュラムを確信した。

この時の確信の内容については伝記に、「アティシャの『菩提道灯論』の顕密両修カリキュラムと、ナーガルジュナとアサンガの流儀を最高のものとする。またアティシャの教えの流れでもポトワの教えが特に素晴らしく、訳経僧ロデンシェーラプ著『教次第論』と彼の高弟ドルンパ著『教次第大論』が、私（ツォンパカ）の考える修道カリキュラムとかなりの部分で一致する素晴らしいものである」（『聖ツォンカパ伝』より要約）と記されている。つまりこの時の確信が、後の『菩提道次第論』の著作につながるのであり、実際に『菩提道次第論』にはこれらのテキストを多数引用し、論拠としている。

各地で戒律を説く

修道カリキュラムに確信を持ったツォンカパはその後、下ニェル地方のセルジェカンのヤルデン寺にひと夏滞在した。この頃、各地を放浪するツォンカパ達の生活は大変苦しかったが、毘沙門天にトルマ（麦焦がしとバターで作るお飾りの供物）を献じることによる功徳の不思議な力によって、日々の生活資金を手に入れていたという。

さて夏が終わるとツォンカパは、侍僧三十名程度を連れてツァリのマチェンを訪ね、そこに何日か滞在し隠者達に供養を行い、同時に山間の修行場拝観や、チャクラサンヴァラの灌頂の追体験などを行った。その後、再び下ニェル地方に戻り、センゲゾンに滞在した。そしてセルチェブム寺で盛大な供養を行い、戒律について多数の講義を行った。

翌年の春にはニェル地方のカンチェンに滞在し、僧達に法を説くと共に信者達にも八斎戒（期間を限定して守る在家者用の戒）を守らせ、帰依させた。さらに十万体のツァツァという小さな土製の仏塔作りの修行も行わせた。

夏は上ニェル地方のラトンに滞在し、そこに会いに来たダルマリンチェンと共にニェル地方の僧達を集めて大法話会を開いた。この法話にはニェル地方のほとんどの僧が集まり、数日に渡って行われた非常に盛大な法要であったとされ、「ニェルのルンラ」としてツォンカパの生涯の重要な事績の一つに数えられている。

カーラチャクラの不思議な体験

話は少し前後するがセンゲゾンに滞在中、戒律の講義と平行してツォンカパ自身は『カーラチャクラ・タントラ』の成就法などに対する考察を深め、ついにある晩、夢の中に単尊のカーラチャクラが現れ、ツォンカパに「おまえは私のもとにスチャンドラ王が現れたのと同じ存在となった」と告げたという。

このスチャンドラ王とは、『カーラチャクラ・タントラ』の伝承によると伝説の国シャンバラの王で、インドのダーニヤカタカ（現在の南インド・アマラーヴァティ）の仏塔において釈尊が涅槃する二年前、釈尊に請問してカーラチャクラの教えを聴聞し、それを纏めて一万二千頌の『最勝本初仏タントラ』（現存しない）を著した。そしてこの『最勝本初仏タントラ』を、後代のシャンバラ王・ヤシャが要約して短くしたのが現存の『カーラチャクラ・タントラ』、さらにヤシャ王の次の王プンダリーカが同書を註釈したのが『ヴィマラプラバー』とされる。

この『カーラチャクラ・タントラ』についてもう少し解説すると、このタントラはインド密教において一番最後に成立したタントラで、本書第五章でも解説しているが、プトンによって無上瑜伽・双入不二タントラに分類され最高の権威を与えられている。煩雑になるのでここでは詳しく触れることは出来ないが、同タントラは成立時の時代背景（十一世紀頃）もあり、イスラム教との対立のエピソードなどかなり特殊な内容を持っている。そのため、特にチベットでは一部で同タントラを正統な仏教経典として認めない風潮があり、実際『一切宗義書』によると、レンダーワも同タントラには否定的だったようである。

ツォンカパはこれまで見てきたようにかなり本格的に『カーラチャクラ・タントラ』を学んでおり、彼の密教に関する大著である『真言道次第大論』にも同タントラへの言及が見られ、晩年まで同タントラに関する講義を何度も行っているが、一方で同タントラに関するツォンカパの単独の著作はなく、唯一『秘密の伝記』の著者である高弟ケドゥプジェによる講義録（Toh No.5381）が現存するだけである。またツォンカパは、同タントラを双入不二タントラではなく母タントラに分類するなど、プトンとは解釈を異にしている。無上瑜伽・

父タントラの『秘密集会タントラ』を最高位に位置づけるという彼の思想的立場が理由であるとも考えられるが、いずれにせよツォンカパのこのような『カーラチャクラ・タントラ』に対する態度からも、当時のチベット仏教における同タントラの微妙な位置づけが伺われる。

中観思想の確信

ニェルでの大法会終了後、秋になるとツォンカパはウルカに戻った。そして聖山オデグンゲルの麓にある隠棲所ラディンに一年間滞在して人々に法を説きつつ、これまで完全な理解を得られなかった中観帰謬論証派と中観自立論証派の思想の重要な点について、ウマパを通じて文殊菩薩に質問をしていた。するとある時、ブッダパーリタがツォンカパの意識に現れ、彼自身が著した『根本中頌』の註釈書（『ブッダパーリタ註』）を直接教授してくれた。それによってツォンカパは、以前とは異なる中観思想に関する確信を持ったという。この時の確信の内容が、ツォンカパ独自の空性理解である「不共の勝法」であったと考えられている（この「不共の勝法」の内容については、本書第四章で改めて解説する）。そしてツォンカパがこの時、自身の空性理解が定まったことの喜びから著したのが『縁起讃』（Toh No.5275-15）である。

ツォンカパはその後も引き続きウルカを中心に各地で出家僧や在家信者に対して講義、法話を行いつつ、途中、自身が再興したジンチの弥勒尊を再び訪れ、十五日間に渡る盛大な法要も行った。秋になるとこれまで再三の誘いを断っていたキショー地方からの招請に答え、キショーを訪れてポタラに滞在すると、そこで多くの僧達に『中観光明』、律、修道カリキュラムなどの法話を行った。

大乗仏教徒の在り方

一四〇〇年の春、ツォンカパはかつて文殊菩薩より啓示を受けたガーワドンを訪れた。そこでツォンカパは大乗仏教徒のあり方について深く考え、大乗仏教における発心《ほっしん》（発菩提心）とその発心を保つことの重要性を感じ、また密教に入門する場合も顕教と共通する修道を学び、正しい師から灌頂を授かるべきであり、そのときに授かる三摩耶戒、律儀を大切に守らなければならないという考えに至ったという。この時のツォンカパの思いはすぐに実践され、滞在中のガーワドンでは僧達に『瑜伽師地論《ゆがしじろん》』「菩薩地」の菩薩戒の章、アシュヴァゴーシャ著『師に関する五十頌』、アティシャ著（あるいはラクシュミーンカラー著）『密教が戒める十四の大罪』などについて非常に詳しい講義を行っている。

ところでこの発菩提心とそれを保つことの重要性、そして顕密両修の修道、灌頂と戒律の重視などはいずれも『菩薩道次第論』、『真言道次第大論』の修道体系の骨子でもあり、ツォンカパの修道論が徐々に完成に向かっていることが見受けられる。

レンダーワとの再会

講義が終わる頃、レンダーワがガーワドンにやって来たのでツォンカパは彼を出迎えると、二人は多くの僧達と共にラデン寺に向かい、そこの隠棲所で冬を過ごした。この時二人がラデン寺を目指した理由は、同寺がアティシャの高弟ドムドゥンが開いたカダム派発祥の地であったからという。同寺でレンダーワは『六十頌如理論』、『秘密集会タントラ』の「五次第」の講義を、ツォンカパは『大乗荘厳経論』、『中辺分別論』、『大乗集菩薩学論』などを整理して止住（心を一点に集中する禅定）の講義を行い、僧達に修習させた。また講義の合間に二人は、顕教と密教の修道の肝要な点について論議したという。この頃になると、ツォンカパの密教学習にレンダーワも理解を示していたようである。

翌年、春になるとツォンカパは、キャプチョクペルサンとディグンの法王からの再三の招請に応じてディグンを訪れ、様々な法を説くとともに、法王チェンガから「ナーローの六法」や「マハームドラー」などを聴聞した。

戒律の復興

その後、ツォンカパとレンダーワはナムツェデン寺を訪れ、キャプチョクペルサンと三人で八百人を超える僧達と共に夏安居《げあんご》を行い、そこで戒律の重要性について強く共感していた三人は『根本律経』の講義を行った。そして万一戒律を犯してしまった場合、それぞれの罪について律典に説かれている正しい方法に従って罪を懺悔し、その罪から回復しなければならないことを僧達に説いた。ちなみに律典には守るべき戒が多数決められているが、たとえば日本仏教で重要視された『四分律』ではその数は全部で二百五十戒にものぼる。しかしその中で特に淫行、盗み、殺人、悟ったと嘘をつくという四つの違反は「四波羅夷」と呼ばれ、即刻教団を追放される重罪であるが、他の違反についてはそれぞれに決められた懺悔の方法があり、それを行えば最終的には許されるのである。

この講義以降、ツォンカパの周囲の僧達は日々自身の行動を振り返り、些細な違反でもすぐに懺悔するようになったという。チベットにおける戒律文化復興の始まりであり、これはツォンカパの四大事績の一つに数えられている。

さてツォンカパとレンダーワはさらにこの後、中観、論理学などを講義し、夏安居を終えるとレンダーワはツァンに戻っていった。

『菩提道次第大論』の著作

ツォンカパが夏安居の後ラデン寺に戻ると、キャプチョクペルサンとディグンの法王と僧達が再びラデン寺を訪れ、タクセンゲの麓に隠棲所を建てた。そしてそこでキャプチョクペルサン達からの強い勧めを受け、ツォンカパがこれまで考えてきた修道論をまとめて著作にした。これが『菩提道次第大論』(Toh No.5392)である。この時(一四〇一年)、ツォンカパは四十五歳であった。

ツォンカパは同書の著作後、自身の顕教に関する考えはすべてこの『菩提道次第大論』に完結したという思いに達し、今後は密教の法を主に説きたいと考えるようになった。そこで早速ツォンカパは弟子達に対し、自身が密教を受法できる優れた器であると思う者はキャプチョクペルサンより『秘密集会タントラ』の灌頂を受けるように命じたところ、二十五人の弟子が志願して灌頂を受けた。またこの時、菩薩戒を受けていなかった弟子についてはキャプチョクペルサンから全員戒を受けさせた。

これまで見てきたように、ツォンカパにとって持戒は密教を学ぶ場合においても非常に重要なものだったのである。彼はこの時、かつてガーワドンで戒の重要性について修行僧達に講義した『瑜伽師地論』「菩薩地」の菩薩戒の章、『師に関する五十頌』、『密教が戒める十四の大罪』についての註釈書(『菩薩戒解説、菩提の正道』(Toh No.5271)、『悉地の穂』(Toh No.5270)、『師に関する五十頌の解説、弟子の望みを満たすもの』(Toh No.5269))を著している。

そしてツォンカパはこの後もしばらくラデン寺にとどまり、『菩提道次第大論』の修道カリキュラムについて何度も講義を行った。

論理学の導入

一四〇三年、ツォンカパは正月の大祭を終えるとレープ新寺に向かい、そこで僧達に対してダルマキールティの『量評釈』の論理学と修道カリキュラムを組み合わせて実習することを説いた。これは当時のチベット仏教界では大変画期的なことで、それまでのチベット仏教では論理学は非仏教徒達の見解を論破するためのものであり、修道論とは全く関係ないものとしてあまり重要視されていなかった。振り返ってみるとツォンカパがメルドラルンでの籠もり修行中、『量評釈』の注釈書『論理の蔵』「修道の解説」を読んで論理学に信心を起こしたのは、彼が二十三歳の時であった。その時の思いがこの時結実し、のちのチベット仏教のスタンダードとなる論理学を伴った修道カリキュラムが完成したのである。

さてツォンカパはレープ新寺での講義後、タクパゲルツェンの再三の招請に応じてオン渓谷のデチェンテン寺を訪れ、そこで夏安居を行い、数百人の僧達に『菩提道次第大論』の手引と、中観思想、そして論理学の難解箇所の解説などの講義を行った。

『真言道次第大論』の著述

夏安居が終わるとツォンカパは、オデグンゲルの山麓にあるウルカの弥勒寺に向かった。ここでツォンカパは弟子達と籠もり修行を行いつつ、ナーガボーディ著『五次第の註釈書』の註釈（Toh No.5290）を著し、僧達に修道カリキュラムと密教の生起・究竟次第を講義した。この時ツォンカパは、「五次第」の内容と特に幻身の獲得の方法については『秘密集会タントラ』の根本タントラと釈タントラ、そしてナーガールジュナ、アーリヤデーヴァ、ブッダパーリタ、チャンドラキールティ、バーヴィヴェーカの五聖父子の著したテキストに説かれるものが優れていると十年以上前に理解はしていたが、これまでは口に出すことができなかったと言ったという。このエピソードの真意はよくわからないが、おそらくツォンカパの密教の修道論が、まさにこの時完成に達したことを表しているのであろう。

この講義の後、ツォンカパが多くの僧達の要請をうけてすべての密教経典に説かれる修道論を纏めて体系化し、著したのが『真言道次第大論』(Toh No.5281) である。この時ツォンカパは四十九歳であった。同書が完成するとツォンカパは、早速多くの僧達に密教の修道カリキュラムを説いたという。またこの時、他の密教に関する著作としてヴァジュラヴァイラヴァの成就法『すべての魔に勝利するもの』(Toh No.5337) と護摩儀軌『悉地の海』(Toh No.5347) を著している。

この後、弥勒寺に二年ほど滞在してからチャンチュプルンで冬越をし、その間に何百人もの僧達に修道カリキュラムを説いた。

中論の註釈

一四〇六年春、ツォンカパはキショーに行った。夏にはセラ・チューディンに滞在し夏安居を行い、そこで籠もり修行を行いつつ、『秘密集会タントラ』の「五次第」と母タントラの究竟次第の講義を行った。

さてツォンカパはこの時、人々から請われて『根本中頌』の註釈を著そうと考えたが、同書の論理を改めて考察してみるとどうしても理解出来ない箇所があったという。そこでウマパを通じて文殊菩薩に質問したところ、疑問はすべて解決した。その結果ツォンカパが著したのが『根本中頌』の註釈書『正しい論理の大海』(Toh No.5401)である。またこの時、文殊菩薩はさらに中観と唯識の要点をツォンカパに説き、それらの内容をまとめることを勧めた。そこでツォンカパが『正しい論理の大海』と同時期に著したのが、『了義・未了義、善説心髄』(Toh No.5396)である。

さて『正しい論理の大海』は、まさにツォンカパの空性理解の一つの集大成であるが、本書では紙面も限られているので、その空性理解の内容については本書第四章で触れることとし、ここでは同時に著された『了義・未了義、善説心髄』について少し解説したい。このテキストは次のような構成になっている。

一章、唯識章

二章、中観章

二―①、自立論証派

二—②、帰謬論証派

内容を概観すると、まず第一章において『解深密経《げじんみつきょう》』に基づく唯識思想は未了義の教えであり、第二章において『般若経』を中心とする無自性空の教えである中観が了義の教えであるとする。そして第二章ではさらに自立論証派と帰謬論証派の二つを挙げ、後者を最高のものであると結論づけている。実はこの考え方は当時非常に画期的なものであった。その理由について解説すると、チベットには「三転法輪」という考え方がある。転法輪とは釈尊が仏法を説いたことを表す言葉であるが、チベット仏教では釈尊は生涯において、次のように衆生の機根別に三度法を説いたとされる。

第一転法輪＝声聞・縁覚のための教え。四諦など（未了義）
第二転法輪＝菩薩のための教え。中観（未了義）
第三転法輪＝一切乗の教え。唯識（了義）

つまり三転法輪の考えでは中観は唯識よりも劣った教えとされていて、本書はそれに反した内容なのである。ツォンカパは中観こそが最も優れた教えであることを証明するため、当然ながら中観の優位性を強調するが、一方で唯識を未了義の教えとしながらも無用なものとして排除するのではなく、最終的に衆生を了義の教えに導くために必要な教えと位置づけて本論を構成している。

このように自説の仏教教義を最高位に置きながらも他説を排除すること無く、自説への前段階に位置づけるという方法論は『菩提道次第大論』にも顕著であり、ツォンカパの修道論の大きな特徴である。ちなみに日本仏教では空海の『十住心論』が、密教を最高のものとして位置づけ他の顕教を密教へ至る段階に位置づけるなど、思想を同じくしている。

中国からの招請

さてこの頃、ツォンカパには中国からの再三の招請があり、使者が度々やってきたが、彼は決して会おうとはしなかった。使者が来ると必ず大風などの不思議な災難が続いたという。ところがそれでも使者がしつこくやってくるので、ツォンカパは弟子達を心配させないようにこっそりとセラで使者と面会し、使者に対して中国に行くことは自分にとって「百害あって一利なし」と、強い口調で断ったという。『菩提道次第大論』の中にも中国禅の頓悟的思想に対する批判が見られるが、ツォンカパはかなり当時の中国仏教を嫌っていたようである。

使者を送り返した後、ツォンカパはセラで『正しい論理の大海』、『了義・未了義、善説心髄』、『四百論』、『真言道次第大論』、『悉地の穂』、『弟子の望みを満たすもの』などの講義を行い、『菩提道次第大論』の手引も授けた。ちなみにその講義にはサンプ寺とデワチェン寺の僧達、ガーワドンとキョルモルンとスルプ寺の三寺の座主、タンサク寺の元座主など、約六百名の僧が集まったという。

こうしてセラに二年ほど滞在し夏安居が終わると、次はタクパゲルツェンの要請に応じてキメーのドンブルンに向かった。冬はドンブルンに滞在し『菩提道次第大論』、ルーイーパ流『チャクラサンヴァラ・タントラ』の成就法『大楽を明らかにするもの』(Toh No.5323)、母タントラの究竟次第の解説書『春のしずく』(Toh No.5341-5342)などの講義を行った。

ラサの大祈願会

ツォンカパはセラに滞在中からラサで祈願会をしたいと考え、準備を進めていた。まずラサに向けてセラを出発する前に、ラサにいるナムカーサンポに命じて祈願会の供養の品の準備を始めさせた。そしてセラを出発してラサへの道中、ドンブルンに滞在した際にはディグン寺やラデン寺などの諸僧、貴族などに広く供養の品の勧進を募り、ツォンカパ自身も資金集めに奔走した。そしてドンブルンを発つ直前に再度直接ラサに指示し、前もってラサの仏画や仏像をきれいに修復させた。こうして一四〇八年十二月下旬、ツォンカパはラサに入り祈願会への参加を呼びかける告知儀式を行うと、八千人を超える僧が集まったという。

いよいよ年が明けて一四〇九年一月一日から十五日まで、ラサにて大祈願会が行われた。ここでツォンカパは尊き釈迦牟尼仏像に宝冠を献じた。仏像は様々な貴金属で飾られ、他の仏像も金を塗られて荘厳されたという。ところでこのラサの尊き釈迦牟尼仏像は、前述のようにソンツェンガンポ王の后・文成公主が中国から持ってきたとされるものであるが、この仏像にはさらに壮大な伝説がある。簡単に紹介すると、この仏像は『リグ・ヴェーダ』にも出てくる工作の神ヴィシュヴァカルマンによって作られ、天で五百年間祀られた後に地上にもたらされた。そして密教の聖地オディヤーナで五百年、ブッダガヤで五百年祀られた後、中国・唐にもたらされた。そして伝説では、この像がブッダガヤに祀られていた時には宝冠を被っていたという。ところが当時、仏像の宝冠は無くなっていたので、ツォンカパはその伝説に従って新たな宝冠を献じたのである。

さて祈願会中、ラサの街は結界され、小旗や鈴が飾られ、万灯によって夜も昼のように明るく、日々多くの素晴らしい供物が用意され、祈願会に参加した人は皆立ち居振舞がよかったなど、実に素晴らしい祈願会であったとされ、これはツォンカパの四大事績の一つに数えられている。そして大祈願会は十六日に閉幕の法宴が行われて終了した。

なおこの大祈願会はモンラムチェンモと呼ばれ、ツォンカパが創めて以降、文化大革命で中断されるまで毎年ラサで盛大に行われた。

ガンデン寺の建立

春になるとツォンカパはセラ・チューディンに滞在し、六百人以上の僧達に『根本中頌』、『瑜伽師地論』「菩薩地」の菩薩戒の章の大註釈、『遍く良き成就法』（Toh No.5384）、『菩提道次第大論』など、顕教・密教の経論の講義を行った。

さてこの頃、ツォンカパに寺を寄進したいという申し出が多くあったという。この時ツォンカパは五十三歳であったが、ここで彼のこれまでの生涯を改めて振り返ってみると、驚くことにツォンカパにはこれまで自身が定住する寺は無く、ずっと放浪の生活だったことに気付かされるのである。これらの申し出を受けてツォンカパは自身の寺について、既にある寺を献上してもらうか新しい寺を建立するかを、尊き釈迦牟尼仏像の前で祈祷を行ったところ、「ドク山に建立するのが良い」とのお告げが出たという。そこでセラでの講義を終えると、ツォンカパは早速自身でドク山に確認に行き、そこに寺を建立することを決めた。

さて春も終わりになるとツォンカパは、チェンガ尊者ソナムサンポの招請に応じて二百人以上の弟子を連れてサンリのプチンを訪れ、ソナムサンポと大僧院長ゲルサンを始めとするディグンの本山テルの多くの僧達に『菩提道次第大論』などを講義した。

ツォンカパがこのように各地を訪れ、講義に忙しい日々を送る一方で、ドク山ではダルマリンチェンとタクパゲルツェンを上首とする僧衆が施主や近郊の僧俗の人々の協力を得て、ツォンカパにとって初めての自坊となるガンデン寺（ゲデン・ナンパルゲルワイリン）を建立した。（「ガンデン」とはチベット語で弥勒菩薩の修行する兜率天《とそつてん》を意味する。）ちなみにこの時寺のすべてが完成したのではなく、年内に完成したのはツォンカパ自身の座坊を含む七十ほどの僧坊で、のこり百以上の僧坊はまだ定礎だけの状態であったという。なおこのガンデン寺というツォンカパにとって初めての拠点ができた一四〇九年が、一般にゲルク派の立教開宗の年とされている。

さてこの「ゲルク」という名前であるが、由来について諸説ある中で『一切宗義書』が面白い説を伝えている。同派は最初、寺名に因んでガンデン派と呼ばれていた。そして後にこの名前を縮めて「ガルク派」としたが、「ガルク」とはチベット語で快楽の意味なので聞こえがよくないとし、チベット語で徳行の意味である「ゲルク派」にしたとのことである。

このように本拠地を得たツォンカパであったが、この年の夏にはウルカのサムテンリンで夏安居を行い、ウルカやタクポなどの僧達に法を説いた。秋もサムテンリンに留まり法を説き続け、結局初めての自坊ガンデン寺に向けてツォンカパが出発したのは、翌年の一四一〇年二月五日であった。

秘密集会タントラに関する著作

ガンデン寺に落ち着くと、ツォンカパは早速精力的に活動を始めた。弟子達に『菩提道次第大論』と、『秘密集会タントラ』の註釈書『明らかにする灯明』などを説き、『阿毘達磨集論』や『瑜伽師地論』などの重要箇所の註釈と論理学の難解な箇所についても講義を行った。同時に著作活動も行い、『秘密集会タントラ』の釈タントラである『四天女請問』と『智慧金剛集』の二つの註釈書（『四天女請問、詳説』（Toh No.5285）と『智慧金剛集、詳説』（Toh No.5286））を著した。さらに翌年（一四一一年）には『五次第を明らかにする灯明』（Toh No.5302）と『五次第の完全なる座』の手引書（Toh No.5314）を著している。

厄年

ツォンカパは自身が五十七歳で厄年を迎えることを、既に四十歳の時に予知していたという。そこで、それに備えて五十五歳となった一四一一年の初冬から侍僧三十名と共に籠もり修行に入り、ヴァジュラバイラヴァの「寿命を伸ばす修法」の幻輪（おそらく護符のようなもの）を多数作った。翌年も同じ修法を四十名で行ったが、厄が祓われたという験は明らかに出なかった。この年の秋になるとツォンカパは少し弱気になったようで、弟子達に「今後、何回講義ができるかわからないので、今度の祈願会ではすべての密教経典の中でも特に中心となる経典類の解説を行おう」と言ったという。これを聞いて心配した弟子達はツォンカパを説得し、侍僧三十名と共に改めて籠もり修行に入り、以前と同じ修法を行った。しかし十一月になるとツォンカパは体調を崩してしまい、結局自身の予知通り五十七歳を病に伏して迎えた。

そこでツォンカパは、七人の瞑想法に優れた弟子と共に昼夜に渡って本尊の瑜伽や退魔法、守護結界などの行法を行った。するとある日、黄金の巨大な釈迦牟尼仏が現れ、それがツォンカパの体の中に溶け込んでいく幻影が現れると、ツォンカパはすべての魔が威圧され、怖れのない境地に達したと感じた。そしてその直後には忿怒尊《ふんぬそん》がツォンカパに害をなす者を羂索《けんさく》で縛り、夜叉がそれを追い立ててやってくると、ツォンカパの面前で頭を切り落とす幻影が見えた。また外からは魔の精霊たちが悲鳴を上げるのが聞こえた。しかもこれら一連の不思議な幻影はツォンカパだけではなく、一緒にいた七人の弟子達にも見えたという。そしてこれらの不思議な体験の後、ツォンカパの体調はすっかり回復した。

その後はツォンカパに寿命の兆候が見える度にヴァジュラバイラヴァと大輪金剛手の姿が現れ、悪い兆候はすぐに消え去ったという。さらにこの時からツォンカパは、日常的に仏頂尊勝仏母《ぶっちょうそんしょうぶつも》やターラー菩薩、白傘蓋仏母《びゃくさんがいぶつも》、摩利支天、薬師如来、無量寿如来など、長寿の功徳のある仏の姿を見るようになったという。

密教堂の建立

厄年を乗り切ったツォンカパは一四一四年、タクパゲルツェンの要請に応じてオン渓谷のタシドカ寺で夏安居を行い、百名以上の僧達に中観、論理学、『菩提道次第大論』などを講義した。それからガンデン寺に戻り『チャクラサンヴァラ・タントラ』のルーイーパ流の註釈『如意牛』(Toh No.5320)と、究竟次第の四座の瑜伽の大小の手引(?)と、成就法(?)と、『秘密集会タントラ』の根本タントラとその註釈である『五次第を明らかにする灯明』の校正を行い、『秘密集会タントラ』の逐語釈『灯明語義詳説』(Toh No.5282)、難語釈『灯明難点の研究』(Toh No.5284)、項目ごとに分析して纏めた『目次と略説』(Toh No.5283)などを著した。また著作活動に並行して多くの密教経典とそれに関する講義も休むことなく行った。

またこの頃ツォンカパは、一般僧堂で密教の成就法を行うと未灌頂の者がマンダラなどの密教儀礼を見てしまい都合が悪いと考え、密教専用の堂の必要性を感じていた。そこでツォンカパは一四一五年に堂の建立場所を決定すると、同時に建立のための費用調達などの準備を始めた。ちなみにこの年、詳しくは次章で触れるが『菩提道次第大論』を纏めて『菩提道次第小論』(Toh No.5393)が著された。

さて話を戻すと、堂は一四一七年三月から実際の建立が始まり、本堂や安置する仏像などの大半は年内に完成した。新しい堂はガンデン・ヤンパチェンと呼ばれ、中央の集会殿にはラサの尊き釈迦牟尼仏像の像高より少し大きめの尊像を安置し、階上の集会殿には秘密集会の三十二尊マンダラ、ルーイーパ流のチャクラサンヴァラ六十二尊マンダラ、金剛界の大マンダラの三つの立体曼荼羅を珍宝のみで建立した。

それ以外にも文殊、無量寿仏、弥勒、ヴァジュラバイラヴァ、仏頂尊勝仏母、白傘蓋仏母の尊像を金などで作成した。これらの尊像は『チャクラサンヴァラ・タントラ』第一章に対するラトナラクシタの註釈書と、『ラクタ（赤）ヤマーリ・タントラ』、『クリシュナ（黒）ヤマーリ・タントラ』の造像の度量を説く章を纏めたものに則って作られたという。日本の仏像制作の歴史においてはあまり意識されることはなかったようであるが、インドの密教経典には仏像を制作する際の全身の比率や顔の表情などが非常に詳しく規定されており、インド・チベットにおいてはこの規定に沿って仏像が作られたのである。

密教の講義

翌年一四一八年になるとツォンカパは、ガンデン寺において数百人の僧達を前に大法話会を行った。この法話会でツォンカパは、『秘密集会タントラ』の註釈書『明らかにする灯明』と逐語釈『灯明語義詳説』、釈タントラのいくつか、「五次第」の大部の手引書（Toh No.5328 or 5384）、「六支瑜伽」の大部の手引書（Toh No.5352 or 5375）と『カーラチャクラ・タントラ』の註釈書『無垢光』の詳説、さらには中観、論理学、『チャクラサンヴァラ・タントラ』、『菩提道次第大論』を講義した。

秋にはヤンパチェン堂の仏殿の中庭を囲む回廊の壁画も完成し、自身も『入中論』の註釈書『密意解明』（Toh No.5308）を著した。その年の終わりには『秘密集会タントラ』の根本タントラの註釈書『五次第を明らかにする灯明』の出版準備に着手し、翌年一四一九年に完成した。一四一九年の春から夏にかけて多くの僧達に『チャクラサンヴァラ・タントラ』の根本タントラの法を説き、同タントラの註釈書（Toh No.5316?）も著した。

このようにガンデン寺の完成後、厄年を乗り越えたツォンカパの活動は講義・著作の両面において目覚ましいものがあるが、これはツォンカパの生涯を後から振り返ると、蝋燭の炎が燃え尽きる直前の最後の激しい煌めきの如きものであった。

7　成仏

体調の不良

一四一九年の秋、トゥールンの温泉が体に良いという同地への招請があったので、ツォンカパはそれに答えてガンデン寺を旅立った。しかし実はこの時、ツォンカパは自分の最期が近いことを悟っていて、このトゥールン行きの本当の目的は、尊き釈迦牟尼仏像への最後の礼拝と、人々への最後の説法が目的だったという。

ラサに着くとツォンカパはまず尊き釈迦牟尼仏像を供養し、それから表向きの目的であるトゥールンの温泉に向かった。しかし温泉には足を浸ける程度で、殆どの時間をトゥールンの人々への説法に費やした。説法を終えてデプンに戻る頃には体が弱り、歩くことが困難になって輿に乗っていたという。

それでもツォンカパは、デプンでは『菩提道次第大論』の手引、「ナーローの六法」、『入中論』、『秘密集会タントラ』などの法を説いた。ただこの時異例だったのは、これまでは密教経典や、特に『菩提道次第大論』の手引を在家の人々に説くことは強く戒めていたが、この時のツォンカパは僧俗関係なく求める人すべてにこれらの説法をしたという。おそらくツォンカパは自身の説法が最後になることを予期し、一人でも多くの人に仏法を伝えたかったのであろう。またデプンでは、密かに仏師に大日如来の大きな銀の像を建立するよう指示していた。

この後、ツォンカパの体調はさらに悪化してゆく。これまでツォンカパは時間のかかる『カーラチャクラ・タントラ』の法話以外では間に休憩を取ることはなかったが、今回ツォンカパは『秘密集会タントラ』の法話を途中でやめてしまい、聴聞者達の再三の再開要請を一切聞き入れなかった。講義を中断したツォンカパはラサに向かうと、尊き釈迦牟尼仏像の前で礼拝、供養を行い何度も「宝のように貴い仏の教えが末永くこの世にありますように」(『聖ツォンカパ伝』より)と祈願した。これが結局、ツォンカパの尊き釈迦牟尼仏像への最後の祈願であった。

その後もツォンカパは、体調の悪化にも関わらずセラ・チューディン、パラムデチェンツェを次々に訪れ、『秘密集会タントラ』、『チャクラサンヴァラ・タントラ』の講義を行うと共に、両地に密教専門の学堂を建立することを指示した。特にパラムデチェンツェにおいては、「今をおいては後に落慶することもできないだろうから、今すぐ盛大に行おう」(『聖ツォンカパ伝』より）と言って、すぐに落慶法要を行ったという。伝記の記述からははっきりしないが、おそらくは学堂の完成前に落慶法要を行ったようである。ツォンカパは、いよいよ自分に死期が迫っていることを感じていたのであろう。

さらにこの後もツォンカパは各地からの招請を一切断らず、各地で法話を続けた。目的の地に向かう道中、いつもツォンカパは「そこには何度も行く機会はないだろう。今、行かねばならない」（『聖ツォンカパ伝』より）と繰り返し言っていたという。

長い法話の旅も終わりガンデン寺に戻ると、ツォンカパはまずヤンパチェン堂に行き「もうここに来ることはないので、供物とトルマを盛大に並べなさい」（『聖ツォンカパ伝』より）と言って、立体曼荼羅や仏像の前で祈願の儀式を行った。それから集会殿での全僧出席の茶会で廻向を行い、その時に誰に頼まれたわけでもなく、施主などのために『極楽に生まれるための祈願文』（Toh No.5275-18,21）を著した。それから自身の座坊に戻ると、「今や我々の寺も自力で運営できるまでになった。ひと安心だ」（『聖ツォンカパ伝』より）と言ったという。

ツォンカパの最期

一四一九年十月二十一日、日暮から真夜中に至った頃からツォンカパは疲れたような様子であったが、翌日の法要では「少し体に疼痛がある」と言うだけだった。しかしツォンカパの体調は明らかに悪化していたようで、この後二昼夜に渡って行われた法要では、ツォンカパに少し意識の混濁が見られたという。このようにいよいよ死期が迫る中、ダルマリンチェンなどに遺言となる指示を出す一方で、以前から行っていた一日四座の瑜伽行と灌頂の追体験は途切れることなく行っていた。

二十四日の夜更け、チャクラサンヴァラの大供養を行った後、ツォンカパは深い瞑想に入った。この瞑想の中で死の光明の法身と、「ナーローの六法」の口伝などを実践したという。練習、修習ではなく実践である。つまりツォンカパは死を迎えるにあたって、成仏のための最後の行法を実行したのである。

翌一四一九年十月二十五日朝、ツォンカパは結跏趺坐《けっかふざ》を組み、二の腕は膝の上に等しく置き、最後の深い瞑想に入った。太陽が昇った直後には意識を三空に順に溶け込ませてゆき、一切のものが空であるという境地で得られる「真実の光明」を実現した。つまりこの時、究竟次第を実践してツォンカパは悟りの境地に達したのである。そして実現した瞬間、ツォンカパの呼吸が止まった。その時、ツォンカパの病でやつれた体は肌艶がよくなり、全身が光輝く文殊童子の姿を示したという。

この最後にツォンカパが文殊童子の姿を示したことには、深い理由がある。実はツォンカパは入滅する遥か以前から究竟次第をマスターしていたが、究竟次第に欠かすことのできない性的瑜伽は行っていなかった。これはツォンカパが性的瑜伽を実践する資質に欠けていたのではなく、自身が行うことによって弟子たちが安易に性的瑜伽を行うことを気遣ってのことだったという。だからツォンカパは自身の死の瞬間に瞑想の中で性的瑜伽を実践し、究竟次第を完成させて悟りの境地に達した結果、文殊童子の姿となったのである。

さいごに

さてここまでツォンカパの生涯をたどってきたが、皆さんはどのような感想を持たれただろうか。冒頭にお断りしたように、本書ではツォンカパの生涯のすべての事績を紹介することはできていないが、本文に取り上げただけでも彼が生涯で学んだ経典・註釈書・論書の数、彼の著作の数、彼が各地で行った講義・法話・法要の数の膨大さに驚いたのではないだろうか。特にツォンカパの学問に関しては、その数以上に初期アビダルマ経典から密教経典に至るまで、仏法のすべてを網羅していると言っても過言ではない学識の広さと深さに圧倒されるのである。

このようにツォンカパは言うまでもなく大学僧であるが、彼の生涯を振り返ってみれば同時に自身に厳しい求道者であり、仏法の永続を願い、布教と弟子の教育に尽力した伝道師であり、大先生でもあったのである。そしてなによりツォンカパの一生は、密教行者の理想である般若（仏教の智慧の獲得）と、方便（衆生救済の実践）の両修の完全なる実践であった。

このようなツォンカパの仏法に対する一途な熱き想いが、彼が時代と地域を超えて今日まで出家者、在家者、仏教研究者など、仏教に関わるあらゆる立場の人達の心を惹きつけ、常に尊敬され、愛され続けている理由なのだろう。

第三章

『菩提道次第論』――修行の道程

1 『菩提道次第論』とは

二種の『菩提道次第論』

一般に『菩提道次第論』と呼ばれるものには、一四〇二年に著された『菩提道次第大論』（通称、ラムリム・チェンモ）と、一四一五年に著された『菩提道次第小論』（通称、ラムリム・チュンワ）がある。ツォンカパが『大論』著作後に弟子達に対して各地で講義を行う中、彼らのために『大論』から多くの経論からの引用や派生する論議を省き、実践のための手引書として纏めたものが『小論』にあたる。『大論』の五割弱の分量になっていることから『小論』と呼ばれるが、とはいってもペチャ（チベット経典の記されている細長い形状の紙）で二百十九枚もある大著である。ちなみに『菩提道次第論』にはもう一つ、ツォンカパ自身がその内容の最要点だけを纏めて詩頌にした『菩提道次第集義』（Toh No.5275-59）というものがあり、それぞれを広説・略説・最要義の三つと呼ぶこともある。

さてこの『小論』であるが、厳密には単なる『大論』の簡略版ではない。次章でも触れるが、『大論』を著してから十三年の間、講義を行う中でツォンカパの考えも変化したのであろう、『小論』には『大論』には見られない中観思想の重要な学説である二諦説に関して論じられた章があり、そこには『大論』とは異なったツォンカパの二諦説が見られる。ただこの二諦説の内容の変化は、『大論』の学説を根底からひっくり返すようなものではなく、またこの二諦説に関する箇所以外は『小論』はほぼそのまま『大論』の章立てと内容に準じているので、基本的に『小論』は『大論』の簡略改訂版くらいに捉えて良いのではないかと思う。

したがって本章では『菩提道次第小論』を元に、その内容を概観してゆく。なお資料としてツルティム・ケサン、藤仲考司『悟りへの階梯―チベット仏教の原典『菩提道次第論』』と、ゲシェー・ソナム・ギャルツェン・ゴンタ、藤田省吾共訳『ラムリム伝授録Ⅰ・Ⅱ』を主に参照しつつ、解説をはさみながら極力読者の皆さんが修行の流れをイメージ出来ることを第一に見てゆきたい。したがって、あまりに煩雑な箇所については全体の流れが途切れない程度に省略している箇所があることをお許し頂き、本書で全体の流れをイメージできたら、ぜひ前掲の二書を自身で直接読み、さらに理解を深めてほしい。

2 『菩提道次第小論』の内容

2―1、序章

本論の目指すもの

本論はまずツォンカパの信奉する弥勒菩薩、文殊菩薩、ナーガールジュナ、アサンガへの帰敬偈《ききょうげ》からはじまる。そしてツォンカパはこの『菩提道次第小論』の序文として、本論の指針を次のように述べる。

「勝者の聖教、すべての要の要約、大きな車〔のような大先達の〕ナーガールジュナとアサンガの二人の道筋、〔仏の〕一切相智の地に往く最上の人の方法、三士の実践すべき次第のすべてを欠かすことなく摂めた菩提道次第を通じて、〔機縁ある〕幸いなる者を仏陀の地に導く方法が、説明されるべき法です」(『悟りへの階梯』より)

この一文は、そのまま『菩提道次第小論』の性格を語っている。「勝者の聖教、すべての要の要約」とは本論で引用される多くの経典と論書、「大きな車〔のような大先達の〕ナーガールジュナとアサンガの二人の道筋」とは大乗仏教の二大思想である中観と唯識の教え、「三士」とは後に説明されるが、宗教的機根が劣った人から勝れた人までのすべての人々のことである。つまり本論は大乗仏教の経典・論書に記された教えによって、すべての人を悟りに向かわせるための実践書なのである。

本論の論拠

次にツォンカパは『菩提道次第小論』の典拠について、教誡の全般的なことはマイトレーヤ著『現観荘厳論』であるが、本論の典拠はアティシャ著『菩提道灯論』であると微妙な言い回しをしている。『菩提道灯論』が大変短い論書であることもあるが、実際『菩提道次第小論』には『菩提道灯論』からの直接の引用箇所は少なく、カマラシーラ著『修習次第』、ドルンパ著『教次第大論』、アサンガ著『瑜伽師地論』「菩薩地」と『大乗荘厳経論』、シャーンティデーヴァ著『大乗集菩薩学論』と『入菩薩行論』、アーリアシューラ著『本生鬘』、『ウダーナヴァルガ』などからの引用が多く見られる。

前章において、ツォンカパがロロで修道カリキュラムに確信を得た際の話でも触れたが、この時彼は「アティシャの教えの流れでもポトワの教えが特に素晴らしく、ロデンシェーラプ著『教次第論』と彼の高弟ドルンパ著『教次第大論』が自身の考える修道カリキュラムとかなりの部分で一致する素晴らしいものである」と考えたという。つまりツォンカパは本論を著すにあたり、アティシャの『菩提道灯論』をベースとしながらも、考えはアティシャと完全に一致しているわけではなかったようで、それがこのような微妙な言い回しの理由だと考えられる。

本論は何が優れているのか

ツォンカパは本論の思想的典拠を示した後、本論の優れている点について次の四つを上げる。

一、仏教には小乗・大乗・密教などに分類される多くの経典や論書があるが、本論ではそれらすべてが悟りへの不可欠の教えとして位置づけられている。

二、経典や論書の教えが単なる知識ではなく、悟りへの実践方法として理解できる。

三、膨大な数の経典や論書の教えが、悟りへの実践方法として簡潔に纏められていることによって理解しやすい。

四、経典はすべて世尊が説かれたものであるにも関わらず小乗・大乗や、顕教・密教などと優劣をつけたり取捨選択することは悪行であり、本論に従って修行すれば、そのような悪行を行うことはなくなる。

この優れている点について少し解説すると、『菩提道次第小論』全体を貫く最も基本的かつ重要な思想は、「仏陀は決して無益なことは一言も語っていない。つまり小・大乗区別無く、すべての教説に意味がある」という考え方である。

さて仏教には多くの経典が存在するが、それらを経典の形式や内容から分類整理し、各経典の教えの浅深、そして最終的に各経典間の優越を判別することを教相判釈《きょうそうはんじゃく》という。このような考え方の始まりはインドで大乗仏教が成立した際、新たに成立した大乗仏教経典と、それまでの部派仏教経典との間にみられる（大乗と小乗の区別）が、最も盛んに教相判釈が行われたのは中国仏教とその影響を受けた日本仏教で、それぞれの宗派が自派の根本経典の教えの優位性を強調するために盛んに論じられた。

しかしこの教相判釈という考えには、そもそも問題がある。仏教経典がすべて一切智者である仏陀が説いたもの（仏説）であるのなら、なぜ説いた教えに優劣があるのか。仏陀の説はすべて真理であり最高のものではないのか。さらに言うと、小・大乗、顕・密教といった区別にも意味は無いのではないだろうか。

この疑問に一つの答えを示したのが、アティシャの『菩提道灯論』である。彼は同論において、仏教によって救われるべき衆生には残念ながらそれぞれの者に機根（能力）の違いがあるが、仏陀はすべての衆生を救うため、それぞれの衆生の機根に合わせて教えを説いたのであり、これが多くの内容の異なる経典が説かれた理由であるとする。そして経典の内容の違いを優劣ではなく、初級から中級、そして上級へと導く段階的なものとして捉えて小乗・大乗・密教を悟りへの一本の道と位置づけ、また小乗の者であってもいずれ大乗・密教へと進み、最終的にすべての者が悟りに到達することができるとしたのである。そしてこのアティシャの思想を実現するための実践書としてツォンカパが著したのが、『菩提道次第小論』なのである。

ちなみに本論の優れた点については、前章でも参照したトゥカンの『一切宗義書』「ゲルク派の章」の中にも次の五点が挙げられている。

一、内容が優れている。（文殊菩薩が直接ツォンカパに授けた教えを、アティシャの教えに従って体系化している）

二、論調が優れている。（論の順序が適切で、項目に過不足がない）

三、著の依頼者が優れている。（キャプチョクペルサンとディグンの法王という尊者から依頼されて著作されている）
四、著作場所が優れている。（ラデン寺という静寂な場所で著された）
五、聴衆が優れている。（二大弟子など、後のゲルク派を大成させたツォンカパの優れた弟子たちに聴聞された）

ツォンカパの挙げる優れた点が著者による主観的なものだとするなら、トゥカンの評価は読者としての客観的なものであり、内容の対比が興味深い。

2—2、修行の基礎

聴聞—①聴聞者（弟子）の在り方

仏教には、智慧を修行の順序によって聞慧・思慧・修慧に分類する「三慧」という考えがある。仏道修行はまず師から教えを聴聞すること（聞慧）から始まり、次に聴聞したことを自分でよく考え（思慧）、そして瞑想や六波羅蜜の実践行などを行って（修慧）悟りを目指すのである。『菩提道次第小論』もこの三慧の考えに基づいて修行の次第が構成されており、まず本論は、修行に入る前に弟子である修行者が身につけるべき師からの正しい聴聞の在り方についての説明から始まる。

ツォンカパは『ウダーナヴァルガ』を論拠として、修行者は聴聞には次のような利益があると思惟せよという。

・聴聞することによって諸法を理解することができる。
・聴聞することによって戒を学び、戒を守ることによって罪を犯さなくなる。
・聴聞することによって禅定を学び、禅定で心が定まることによって無意味なことをしなくなる。
・聴聞することによって智慧を学び、それによって煩悩を捨て、涅槃に入ることができる。

聴聞には三学（戒・定・慧）つまり仏道修行のすべてがあり、だからこそツォンカパはまず始めに聴聞について詳しく説いているのである。そしてこのように聴聞の利益を思惟したら、聴聞者は自身を涅槃に導いてくれる教えと、このような優れた法を説いてくれる説法者、つまり自分の師に敬意を持つべきであるとする。

さて聴聞の利益を知り、聴聞する教えと説法者に敬意を持ったら、いよいよ実際に聴聞するわけであるが、次は正しい聴聞について次のように説いている。

・よく聞く。
・聞き間違いをしない。
・聞いたことを忘れない。

これは改めて説明する必要はないだろう。ツォンカパの説く修行次第が、このような基本以前の事柄とも思われる解説から始まることに少し戸惑いを感じるかもしれないが、まさにこれが本論が名著とされる一つの所以である。本論は終始このように非常に初歩的なことから具体的に説明されており、機根の劣った人であっても悟りへ導くことを目指した実践の書であることの証なのである。

さて続いて聴聞に臨む際、聴聞者は次のように思惟せよという。

・自分は三毒の病にかかった病人である。
・説法者は医師である。
・教えは薬である。
・教えの実践は病の治療であり、薬も飲まないと役に立たない。
・説法者を如来であると随念し、最勝の方であるとして尊敬する。

・教えを聞くことによって、この勝者の教えが世間に久しく住することを願う。

このように自分が病人であり説法者は自分を救ってくれる医師であると思惟することによって、聴聞者は聴聞と説法者に対して、最高の信頼と敬意を持つようになるのである。

聴聞―②説法者（師）の在り方

聴聞は説法者と聴聞者がいて成り立つのであり、次は正しい説法者、つまり師の在り方についてである。

まず聴聞者と同じく説法者にも説法をすることによる利益があり、それは正しい教えを人々に与える功徳、つまり法施による功徳が得られることを思惟せよという。そして説法に望む際、説法者は次のように思惟せよという。

・自分は医師である。
・聴聞者は病人である。
・教えは薬である。
・この教えを説かれた如来は最勝の方である。
・この教えは久しく住すると思う。

・周囲の人々への慈しみの心を持つ。

この説法者の思惟すべき内容が、前述の聴聞者の思惟すべき内容に対応していることが解るだろう。医者と病人というお互いに必要不可欠な関係のイメージを共有することによって、真剣な聴聞の場が実現するのである。

また説法者は説法するにあたり、次のような気持ちを捨てるべきであるとする。

・自分より勝れた者への嫉妬。
・説法を先延ばししようとする怠惰な心。
・説法の疲労。
・自己の宣伝と他者の過失を語ること。
・教えを説くことを惜しむこと。
・財施を望むこと。

説法を治療に置き換えてこれらを考えれば、実際の医者であっても持ってはならない気持ちであることは言うまでもない。

さて説法をする気構えがしっかりと思惟できたら、次は実際の説法である。説法の際には、次のことに気をつけなければならないという。

・説法する際は沐浴して体を清め、清浄な衣をつけ、好ましい地域で魔を防ぐ真言を唱えてから教えを説く。

・明澄な顔色で、わかりやすい喩えと正しい論拠を示して説明する。

説法者の身なりが怪しければ聴聞者はそれだけで説法者の教えに疑いを持ってしまうし、怪しい場所での説法には怪しい聴聞者しか集まらない。また説法は内容がどんなに正しくても、難しすぎて相手に伝わらなければ意味がないし、だからといって易しくするために論拠のないデタラメを語ってもいけないのである。またこれら以外にも法を説く相手について、教えは誰にでも説いて良いのではなく、請われなければ法を説いてはいけないし、請われても器で無い者には説いてはいけないとしている。

以上のように正しい聴聞者と説法者によって説法の場が営まれることによって、仏法は正しく伝えられてゆくのであり、そこには無量の功徳が生まれるのである。そして最後にツォンカパは聴聞者に対して、聴聞によって得られた功徳を他者に廻向すべきことを述べ、聴聞の説明を終わっている。

師資相承

元来仏教は師である釈尊から弟子に伝えられた師資相承の宗教であるが、チベット仏教はこの師資相承を特に重要視する。話はすこし逸れるが、皆さんはチベット仏教がかつて「ラマ教」と呼ばれていたのをご存知だろうか。「ラマ」とはチベット語で「師・先生」の意味で、これはかつて長年鎖国していたチベットに初めて西洋人が入った際、チベット仏教徒が師を敬う姿を見て、「これは仏ではなく、師を崇拝している宗教である」と彼らが感じてつけた名前である。彼らが主に信仰するキリスト教の一神教的立場からすると、人間である師を仏と同体として崇めるチベット仏教の姿は、かなり異質かつ衝撃的であったらしい。

さて、改めて師資相承を重要視するチベット仏教においては、師が優れていることは当然であるが、弟子も優れていなければならない。なぜなら師の教えを完全に弟子が理解し受け継ぐことができなければ、そこで教えは劣化するか、最悪途絶えてしまうからである。これを同じく師資相承を重要視する日本の密教では、「瓶水を移すが如き」という。つまり瓶いっぱいに湛えた水を一滴もこぼさず他の瓶に移すように、師の教えを完全に弟子に伝えるという意味である。したがってここからは正しい師と正しい弟子、そして両者の正しい関係性について述べられる。

師の在り方

ツォンカパはまず正しい師の在り方について、次のような点をあげる。

・三学を護持している。
・三学を実践している。
・これまで多くの口伝を伝授している。
・空性の真理を悟っている。
・説法が巧みである。
・誰にでも慈悲深い。
・説法すること自体を喜び、度々説法することに疲れを知らない。

明快で改めて説明する必要はないと思われるが、ツォンカパの思想がよく現れているのは師に「空性の真理」、つまり彼の重要視する中観思想を求めている点である。

弟子の在り方

次は法を聴聞する正しい弟子の在り方について、次のような点をあげる。

・心が常に公正である。
・善説と誤説を分別する知識を持っている。
・法を希求する思いが強い。

この中で特に二番目は、師資相承において実は大変重要なものである。前述のように師資相承においては師の教えを誤りなく弟子に伝えることが最も重要であり、万一弟子が師の教えを誤解すれば教えが損なわれる事になってしまうが、一方で師が間違ったことを弟子に伝えてしまうという可能性も全く否定はできない。だからここで弟子に、善説と悪説を判断する知識が求められるのである。

一般に師弟関係というと「師匠がカラスは白いと言ったらカラスは白い」などと、良くも悪くも師匠の絶対性が言われるが、実際特に密教では、弟子にも師匠の資質を判断する能力が求められる。たとえば日本の真言宗で重要視する『大日経』には、弟子が正しい師を見分ける方法が説かれている。繰り返すが師資相承において教えを伝えてゆくためには、師にも弟子にも、両者に一切の過失があってはならないのである。

両者の関係―師への親近

さて正しい師と正しい弟子の在り方が明らかになったら、次は正しい両者の関係、つまり師弟関係の在り方である。弟子が師に使えることを親近というが、まずツォンカパは親近には、思惟による親近と行為による親近の二つがあるという。まず思惟による親近とは、次のようなものであるという。

・師への信仰をもつ。
・自分を救ってくれる師の恩を思惟して敬う。

この思惟による親近の目的は、師への尊敬の念を揺るぎないものにすることにある。師といえども同じ人間であり、弟子も長く仕えていれば、やはり師の悪い部分が見えてくることは避けられない。しかし師に疑いを持つことは仏道においては悪行の最たるものであり、絶対に防がなくてはならない。そのために師が自分に与えてくれた法の尊さや、苦しみから自分を救ってくれた師の恩への思惟を何度も繰り返すことによって、最終的には師を仏陀として信仰するまで、師への尊敬の念を高めるのである。

次に行為による親近とは次のようなものであるという。

・財産を捧げる（財施）。
・身体と言葉で恭待、奉事する。

・師のお言葉の通り修行する。

師への財施は、すべての仏への布施と同じ功徳があるという。また二番目の「身体と言葉で恭待、奉事する」とは、実際に師の身体をマッサージしたり、身の回りの世話をしたり、師を言葉で称賛するという具体的な行為である。

さてこのように二つの親近の在り方をイメージできたら、師への親近をさらに確かなものとするため、弟子は師に仕えることによる利益と、師に仕えないことによる不利益を次のように思惟せよという。

まず師に使えることの利益については、次のとおりである。

・悟りが近い。
・諸々の諸仏がお喜びになる。
・どこに生まれても善知識に困窮しない。
・死後、悪趣に落ちない。
・悪業と煩悩に敗られ難い。
・菩薩行に違反しない。
・功徳が集まりやすい。

・当面と究竟の利益がすべて成就する。

師の導きがあれば、修行は順調に進むから悟りは速いのである。そして衆生が悟りを開くのは諸仏の願いであり、師に従って弟子が早く悟りを開くことを諸仏は喜ぶのである。正しい修行とはつまり菩薩行であり、菩薩行を行えば悪業と煩悩に悩まされることなく功徳を積むことができ、その結果、輪廻転生しても悪趣に落ちることはなく、どの生においても師に恵まれる。つまり現世で利益を積み、来世悪趣に落ちないという当面の利益と、最終的に悟りを開くという究極の利益の成就が約束されるのである。

次に仕えないことによる不利益は、次のとおりである。

・今生で病や魔に苦しむ。
・死後、悪趣に落ちる。
・功徳が生じないし、既に生じていたものも減少する。
・過失が増大する。

これは利益の真逆である。このように利益・不利益の思惟を繰り返すことによって、弟子は師に仕える意思をさらに揺るぎないものにするのである。繰り返すが、とにかく師と弟子の資質、そして両者の関係は、師資相承を重要視するチベット仏教にとって根幹に関わる重大な問題なのである。

ツォンカパは最後に理想の弟子像として『般若経』の常啼《じょうたい》菩薩、『華厳経』「入法界品」の善財童子を挙げ、師と弟子の説明を終えている。

修行の仕方

さて弟子は師から教えを聴聞したなら、次はいよいよそれに従って自身で修行を実践することになる。聴聞が三慧の聞に当たるなら、次は思と修である。『菩提道次第小論』の修行の実践は、修行の準備・練習段階に当たる「加行」と本番の「本行」、そして行終了後の「後行」の順に説明される。

加行

まず加行についてであるが、ツォンカパは彼の師セルリンパより学んだものとして、次の六つからなる次第を説明する。

一、住まいを清掃して、仏塔・経典・仏像を安置する。

二、それらを供養し、場を美しく荘厳する。

三、眠かったり心が集中できない時はまず経行を行い、安楽な座に姿勢良く結跏趺坐か半跏坐で座って、帰依と発心をしっかりと自身の心に思惟する。
四、面前の虚空に上師と無量の仏陀と聖者達（声聞、縁覚、菩薩、護法神など）を観想し、資糧を積む福田を明確にする。
五、観想した仏陀と聖者達に対して七支分の供養（礼拝、供養、罪の懺悔、随喜、転法輪の勧請、祈願、廻向）を行い、これらによって福徳の無量の蘊を受持する。
六、曼荼羅を捧げ祈願する。

このような次第で修行の一座は完結する。そしてこの次第が今後の修行の基本となるので、修行者は何度もこの加行を繰り返し修習するのである。

本行

さて練習にあたる加行が終わればいよいよ本行に入るが、そもそもこの本行で修習すべきものは、自身の心を善の所縁に思いのままに向けることができるようにすることであるという。つまり瞑想のテクニックであり、それには対象を観察せず心を一点に集中させる「安住修」と、対象を詳しく観察する「伺察修」の二つがある。そしてこの二つは『菩提道次第小論』の修行において最も重要な「止住」と「勝観」、つまり「止観」にとって必要不可欠なものである。この止観については本論でも後に詳しく説かれているが、ここで簡単に解説すると「止住」とは心を静かに落ち着けることであり、「勝観」とはその落ち着いた心の状態において仏法を観じることである。

この本行では、師に対して前述の親近することの利益としないことの不利益を最初に思惟し、次に師への過失の分別を無くし、さらに師から学ぶことによる自身の功徳と師への恩を思惟することによって師への強い信仰と尊敬を生じさせ、それを揺るぎないものとして持続させることを修習することが目的とされる。

後行など

行の座が終わったら、必ず廻向することが説かれる。また行は夜明け・午前・午後・夕方の一日四座を基本とするが、それぞれの座の時間は自身の体調に合わせ、決して無理をしてはならないとされる。そして座の間には右繞、読経など行うことは多数あるが、なによりも行で修習した所縁・行相への念・知を忘れてしまってはならないので、経論などを見て度々念ずることが必要であるとする。

本論はさらに前述の止住と勝観を楽に修習するための資糧として、次の四つを修習すべきだとする。

一、根門の防御。

根門とは人間の感覚器官のことで、仏教では六根（眼・耳・鼻・舌・身・意）という。そして六根が捉える外部環境を六境（色・声・香・味・触・法）という。そして両者が接触、たとえば眼が色を捉えると、人は「きれいだ」とか「汚い」などの思いを持ち、結果「欲しい」とか「嫌いだ」などの煩悩が起こる原因となる。したがってこの根門を防御する方法を修習することによって、煩悩の発生を防ぐのである。

二、正知に行じる。

正知とは監視能力のことである。自身の体調などの状態をきちんと監視しながら修行を行うことが必要なのである。

三、食事の量を知る。

食事は食べ物に対する渇愛の禍患をしっかりと思惟した後、食物の施主の功徳や、食物は一切衆生の利益を達成するために自身の生命を保つための薬であると思惟しながら適量を食べることが必要である。日本の寺院で食前に唱える「五観《ごかん》の偈《げ》」と同じことである。

四、眠らないで瑜伽行に努め、寝るときは正しい方法で寝る。

眠気があっては当然正しい瑜伽を行うことはできない。どんなに優れた瑜伽行者であっても睡眠不足になれば、心が躁鬱などの不安定な状態になってしまう。したがって十分な睡眠時間と適切な寝る姿勢によって心身を健全に保ち、心を安定させることが必要なのである。

有暇具足

ここまでツォンカパは仏道修行の基礎について、師と弟子のそれぞれの心の在り方という内的思惟から師弟の関係、そして実際の修行次第という外的行為へという流れで説いてきたが、次は「有暇具足」について思惟することの必要性を説く。この有暇具足とは仏教を学び修行することができない難条件を離れ（これを有暇という）、仏教を学び修するために必須の条件を備えている（具足）状態を言う。

まず難条件とは「八難」と言われ、次のことをいう。

一、仏法の伝わっていない辺境の地に生まれる。
二、仏法を信じられないほど愚かに生まれる。
三、前世・来世と業果と三宝の存在を信じない。
四、仏陀が出現しない（仏法が説かれていない）時代に生まれる。
五、地獄に生まれる。

六、餓鬼に生まれる。
七、畜生に生まれる。
八、長寿天に生まれる。

確かに人はこのような状況に生まれると、仏法を学ぶことはできない。最後の「長寿天」は少し意外に思うかもしれないが、天は寿命が人間よりも遥かに長いが、そのため死や病の苦しみを感じることが少なく、悟りへの発心が起こりづらいのだという。

次に具足するものとは全部で十あるが、これはさらに「内の五具足」（自分に備わっているもの）と、「外の五具足」（周りの環境に備わっているもの）に分けることができる。

「内の五具足」
一、人である。
二、仏法の伝わっている地に生まれた。
三、仏法を信じる能力を持っている。
四、前世で悪趣に落ちるような罪を犯していない。
五、仏法を信じている。

「外の五具足」
一、仏陀が出現している。
二、仏陀や弟子達によって仏法が説かれている。
三、仏法が現在まで存続している。
四、仏法に従う師や修行者がいる。
五、出家者を支える布施者などがいる。

この十項目を改めて考えてみると、人間として生まれ、今まさに本書を読まれている皆さんは、これらを具足しているのではないだろうか。

ここで有暇具足を説く理由は、これらから『菩提道次第小論』に従って実際に修行を始めようとする者に対し、この機会が大変得難いものであり、悟りを得るための千載一遇のチャンスであることを強調し、修行に対する怠け心を正すためなのである。

仏陀の前世物語である『ジャータカ』によると、釈尊もかつて長い間輪廻を繰り返し、その間には人だけでなく、ウサギやサルといった畜生にも生まれている。そして最終的に一旦天に生まれたがそこで悟りを開くのではなく、天でまた死んで人として生まれ、ついに悟りを開いたのである。つまり人として生まれて仏法に出会えた我々の今生は、たいへん得難いものなのである。

ツォンカパはすべての衆生は楽を欲し、苦を欲しないものだが、その願いを成就できるのは正法だけであり、しかし成就のためには正法だけでなく善知識である師に出会うことと、自身が有暇具足であることが絶対に必要であり、これらが揃っている今生こそが成就可能な機会であると強調する。さらに有暇具足の生に生まれることは本当に稀有なことであり、今生においてもし成就しなかったら輪廻転生後、次にいつ有暇具足を得られるか分からないので、とにかく今生で成就を目指すことが必要であり、さらに今生であっても人はいつ死ぬかわからないので、今から直ちに成就を目指して修行することが必要であると畳み掛けるのである。

人間は必ず死ぬのであり、来世人間に生まれる保証はなにもない。インドの密教経典にも「どんなに優れた瑜伽行者であっても、決して死を逃れることは出来ない」と、はっきり説かれている。そして今生に人として生まれ、仏法と出会うことができた者も、明日には死ぬかもしれない。だから我々は今すぐに修行を始め、怠けること無く、今生での悟りを目指して努力することが必要なのであり、もうこのようなチャンスは永遠に訪れないかもしれないのである。これがツォンカパが「有暇具足」の説明に込めた修行者、そして我々へのメッセージなのである。

三士の区別

これまで説かれた修行の次第はあくまでも基礎であり、この基礎を終えた行者は次の段階に入ってゆくが、ツォンカパはここで修行者をその宗教的能力によって次の三つに分ける。

一、小士＝人生に無常を感じ、後生安楽を願う者達。（人・天乗）
二、中士＝輪廻を厭い、自身の解脱を願う者達。（声聞・縁覚乗）
三、大士＝大悲をもって利他のために無上正等正覚を目指す者達。（菩薩乗）

この分類はツォンカパのオリジナルではなく、アティシャが彼の自著『菩提道灯論』で行っている分類である。

さて『菩提道次第小論』ではこの後、この三士についてそれぞれの修行次第を説いてゆくが、ツォンカパは注意すべきこととして大士に該当する者、つまり大乗仏教の者であっても、前の小士・中士の修行も必ず修習しなければならないという。なぜなら無常・輪廻を厭う気持ちは大士にも必要であり、また輪廻をさまよう苦しみを思う気持ちが、他者が輪廻の苦に痛めつけられる様を思い、利他の心が起こるきっかけになるからと説明している。また小士の者であっても修行を続けると必ず次に中士、そして大士へと進んでゆくという。既に触れたが、これがツォンカパのいう『菩提道次第小論』の最も優れている点であり、あらゆる機根の衆生をすべて菩薩の道へと導き、最終的に悟りに到達させることができる次第なのである。

2—3、小士と共通した道の次第

本論では、小士とは人生に無常を感じ、後生安楽を願う者達であると定義されている。後生安楽、つまり死後の幸福を願う者にとって最も重要なのは来世の良き生まれであり、それを左右するのは今世で積む業である。

三悪趣の苦—①死の思惟

そのような小士達に対してツォンカパは、まず無常の根本の苦しみである死を深く思惟すべきであるとする。人は必ず死ぬのであり、またいつ死ぬかもわからない。そして人間の身体は極めて弱いので、すぐに死んでもおかしくない。また死ぬ時は一人であり、財産も持って行けない。死ぬ時に有益なのは仏法だけである。

このように何度も思惟すれば、人は今生が有限であることを悟り、悪行をやめ、良い業を積もうとする気持ちが生まれる。するとそれだけで、臨終時の恐怖がなくなるという。

三悪趣の苦――②後生の思惟

死の思惟によって臨終の苦しみがなくなったとしても、人は必ず転生するのであり、来世、善趣と悪趣のどちらに生まれるかを自身では選ぶことはできない。そして転生において絶対に避けなくてはならないのは、地獄・畜生・餓鬼の三悪趣に生まれることである。そこでツォンカパは、三悪趣に生まれる苦しみを次のようにそれぞれ思惟せよという。

三悪趣の苦――③地獄の苦を思惟する

一口に地獄と言っても、仏教ではその者の犯した罪の種類や軽重の違いによって落ちる地獄に違いがあり、八大地獄や十六小地獄など多くの地獄がある。ツォンカパはそれらの地獄一つ一つについて、そこに落ちた時の苦しみを思惟せよとし、本論においてそれぞれの地獄の苦しみについて非常に細かく説いている。たとえば八大地獄の一つである焼熱地獄では、自分が身体を鉄串で貫かれ火に焼かれて苦しむ様を思惟する。日本でも地獄絵図を見て、来世地獄に落ちないよう自身の行動を正すということがあるが、それを瞑想にて行うのである。

三悪趣の苦――④畜生の苦を思惟する

動物の世界は、弱肉強食の世界である。弱い動物に生まれれば他の動物に食い殺され、家畜として生まれれば人に飼われ徹底的にこき使われ、最後には食べられてしまう。そのような苦しみを思惟せよという。

三悪趣の苦――⑤餓鬼の苦を思惟する

餓鬼の世界は、飢えと乾きの苦しみの世界である。池に行っても、そこは鬼が槍や刀をもって守っているので近づけない。なんとか近づいたとしても、池の水は膿や血になって飲むことができない。また自分の口は針の穴のように小さく、しかも食べ物が口の近くまでくると燃え尽きてしまう。このように自身が飢えと乾きに苦しむ有様を思惟せよというのである。

以上、三悪趣の苦しみを何度も思惟することによってそこに落ちる恐怖を心に植え付け、絶対に三悪趣に落ちないよう、正しい行為を行おうとする気持ちを堅固なものとするのである。

三宝に帰依する――①帰依の対象

三悪趣の苦しみを繰り返し思惟することによって、そこに落ちることへの恐怖が極限まで高まると、人は助けを求めて何かにすがりたいと思うようになる。そこでツォンカパは、自分を救ってくれるのは仏・法・僧の三宝だけであると強く思惟せよという。そして、まず初めに仏への帰依を思惟せよという。

三宝に帰依する――②帰依の理由

なぜ仏だけが、我々を悪趣から救うことが出来るのだろうか。その理由は仏は自身が既に恐怖というものを克服し、他者を救う方便に巧みであり、別け隔てのない慈悲によってすべての人を救おうとされているからである。そしてこのような力を持っているのは仏だけで、外道の神には無いのである。

三宝に帰依する――③三宝の功徳

仏へ帰依する理由を理解したら、つぎは帰依の対象である実際の仏とその功徳について細かく思惟せよという。仏の三十二相八十種好を備えた姿、仏のもつ神通力や一切智であること、また限りない衆生への慈悲などのすべての仏の功徳、それらを思惟することによって、仏が帰依の対象として最も相応しいということが心に決定するという。そして仏への帰依の心が決定したら、その仏の説かれた法、そしてその法を修証する僧伽の功徳とそれらへの帰依はおのずから決定する。以上によって、三宝への帰依の気持ちが揺るぎないものとなるのである。

三宝へ帰依する――④帰依後に学ぶべきこと

ツォンカパは、三宝への帰依の心が決定した者は次のことを学び、守らなければならないとする。

「禁止事項」

- 異教の神に帰依しない。
- 衆生を加害・損傷するものを捨てる。
- 外道（異教の者）と友として付き合わない。

「奨励事項」

- 仏像、仏画は仏陀本人のように供養する。
- 経典を大切にする。
- 劣った比丘であっても尊敬する。

「三宝すべてに対する事項」

- 三宝の特徴と功徳を随念して度々帰依する。
- 常に三宝の恩と思ってなされたことに感謝し、飲食などの供養を欠かさず、初めてのものをお供えする。お供えがあるのにケチるのは最も良くない。貧しいお供えがだんだんと立派になってゆくことは、良いことである。

・愍みによって、他の有情にも帰依をさせる。

・どんな目的があっても必ず三宝に頼り、供養をする。ボン教（チベットの土着信仰）などの異教に頼らない。

・利益を知って、昼三回、夜三回帰依する。

さて三宝に帰依することの利益について、ツォンカパは次のように説明する。

・本当の仏教者となる。
・戒を授かることが可能となる。
・これまで積んだ業障がいずれ尽きる。
・広大な福徳を積むことができる。
・来世に悪趣に落ちない。
・人や人でない者の害から守られる。
・なんでも思惟したことが成就する。
・速やかに仏陀になることができる。

三宝に帰依することが仏教徒としての始まりであり、それによって初めて戒を授かることが可能になるのである。そして戒を受け、それを守って修行を続けるなら悪業は浄化され、善業が積まれることは確実であり、その結果悟りへの道が約束される。だからこそ、三宝を捨てることは絶対にあってはならないのである。

業果を信じる――①業の基本

小士の恐れる死と輪廻の根本原因は業である。そして業は一つの法則であり、ツォンカパは次のような業の特徴を知らなくてはならないという。

- 楽は善の業から生じ、苦は悪の業から生じる。
- 小さな善・悪業から大きな楽苦が生まれる。
- 善・悪業を行わなければ楽苦は生じない。
- 善・悪業が自然に消滅することはない。

つまりは絶対的な因果応報であり、どんなに小さな業でも大きな結果を生むのである。したがってこの業の特徴を知ったなら修行者は、どんな小さな悪業も行わず、すこしでもよい善業を積むことが必要だと考えるようになる。ツォンカパも、「バラモン教などは業の結果が他人に移ることがあるというが、仏陀は自分の為したことは無駄に失われないし、為さなかったことに出会うことはないと仰っている」と、因果応報の原則を強く説いている。

業果を信じる――②業の思惟

業による因果応報を理解したなら、次はそれぞれの業について深く思惟せよという。これまで見てきた様々なことに関する思惟と同じく、業の思惟においてもツォンカパは、徹底的に詳細に思惟することを説いている。

業果を信じる――③業の種類

業の思惟は、まず十の悪業から始まる。十悪業とは日本の仏教でもよく知られている殺生・偸盗・邪婬・妄語・両舌・悪口・綺語・貪欲・瞋恚・邪見のことで、それぞれについて詳細に思惟する。たとえば殺生なら、その行為が及ぶのは他の衆生であり、三毒の煩悩いずれかに結びついているということ、そして行為の動機は他を殺そうと思うことであり、実際の行為は自身の身体や武器、毒、呪文などを用いて実施されること、そして最終的にこの行為の結果は、相手の死である。

このように非常に細かい思惟を、十悪業すべてに対して行うのである。

業果を信じる――④業の軽重

業の基本のところで述べたが、小さな悪業から大きな苦が起こるというように業果は増大するのであり、その増大量の大きさが決まる条件があるという。たとえば虫を殺すのと師を殺すのでは、当然ながら師を殺すことのほうが悪業は大きい。また戒を守っている者と守っていない者で、業果の大小は異なるという。他にも業果の大小（重軽）が決まる条件は多数あり、これらをすべて思惟せよという。

業果を信じる――⑤果の思惟

業の詳細な思惟が終わったら、次は果についての思惟である。果には次のように異熟果・等流果・増上果の三つがある。

一、異熟果（業と果の性質が一致しない）

たとえば現世で人を殺してしまい、来世地獄に生まれる場合をいう。殺人という「悪」と、地獄に生まれるという「苦」は質的に異なっている。

二、等流果（業と果の性質が同じ）

たとえば現世で殺生を好む人がいた場合、その人が過去世で積んだ殺生という悪業が長い輪廻のなかで浄化された結果、現世で人として生まれることができたが、実は殺生の悪業がまだ完全に浄化されておらず、それが影響して殺生を好むようになったと考える。

三、増上果（果が自身ではなく、外的環境として現れる）

たとえば殺生の悪業の果として食糧不足などに苦しめられた結果、病に見舞われて早死することなどをいう。

業果を信じる—⑥十善業の思惟

以上のように悪業とその果に関する思惟を終わったら、次は善業の思惟である。善業に関しては基本的に悪業を行わないことが善業につながるので、ツォンカパは本論において悪業ほど詳しく述べていない。

業果を信じる—⑦その他の思惟

ここまで十悪業・十善業についての思惟が終わったら、さらにツォンカパは、善趣に生まれても不善により短命、多病、貧困などがおこることや、悪趣に落ちても善により幸福な円満があること、さらに業の結果はこの生涯で果を経験する（順現法受業）、来世で経験する（順生受業）、他の生に経験する（順後受業）という現れ方があることなど、さらなる業の法則についても思惟するべきであるとする。

以上見てきたように、小士は死と悪趣に落ちることの思惟によってこれらを徹底的に恐れ、それから救ってくれる三宝への帰依の心を決定すると同時に、輪廻の根本原因である業を思惟し、その法則を理解することによって悪業を離れ、善業を行うように努め、最終的に後生安楽を目指すのである。しかし実際に人が生きてゆく中で完全に悪業を離れることは困難であり、万一悪業を行ってしまった場合の対処の方法なども説かれている。いずれにせよ、これまで見てきた次第の内容を何度も何度も繰り返し師から聴聞し、自身で考え、修習することが必要なのである。

さて以上を何度も修習した小士は、輪廻転生を繰り返す限り将来悪趣に落ちる可能性を完全になくすことはできず、結局後生安楽を願うことでは絶対的な安心を得ることが出来ないことに気づく。そしてそれに気づいた者は、次の中士の修行へと進んでゆくのである。

2—4、中士と共通した道の次第

解脱とはなにか

『菩薩道次第小論』では、中士とは輪廻を厭い、自身の解脱を願う者達（声聞・縁覚）のことである。では彼らの求める解脱とは何かというと、業と煩悩による輪廻の束縛から開放されることである。

解脱を求める心を起こす方法

ツォンカパは、輪廻を厭う者が解脱を求めるようになるためには、輪廻の生存の苦しみを深く思惟することが必要であるとする。輪廻の苦しみに対する嫌悪が強ければ強いほど、解脱を求める気持ちは強くなるのである。

苦諦を思惟する

ツォンカパは解脱を求める心を起こすためには四聖諦が重要であり、その中でも特に苦諦を思惟することが重要であるとする。この理由についてツォンカパは、四聖諦の順序に関する独自の見解を示しながら説明している。

四聖諦とは普通、苦・集・滅・道の順で言われるが、彼は普通に考えれば集諦を因としてその結果苦諦があるのであり、本来は集・苦の順でなければならないとした上で、世尊が逆に説いた理由は、集諦の結果である苦諦とは結局輪廻の世界のことであり、つまり苦諦を知ることが解脱を求めることの因となるからだと説明する。

様々な苦の思惟

ここからはまず、苦に対する思惟を行う。まず輪廻全体の苦しみについて八苦（生、老、病、死、怨憎会苦、愛別離苦、求不得苦、五取蘊苦）についてそれぞれ思惟し、最終的に輪廻には信頼すべきことも安楽も全く無く、これが無始から続いていると思う。

次に、輪廻における六道それぞれで受ける苦しみについて思惟する。地獄・畜生・餓鬼の三悪道と、修羅道と人道の苦しみは想像に難しくないが、意外なことに天界（天道）にも苦しみはあるという。天界はさらに分けると欲界天・色界天・無色界天の三つに分かれるが、まず欲界天と色界天の天には、肉体が残っているのでまだ死の苦しみがある。寿命は人間界よりも比べ物にならないほど長いが、肉体がある以上、いつか必ず死ぬのである。また欲界天には修羅道から阿修羅が攻めてくるので、彼らと戦い痛めつけられる苦もあるという。これが無色界天になると肉体が無く意識だけになるので苦しみも無いように思われるが、肉体が無いため死ぬことが無く、結局解脱することができないのである。

集諦を思惟する——①煩悩

さて苦諦の思惟が終わると、次はツォンカパのいう苦諦の因にあたる集諦の思惟である。輪廻の原因は業であるが、更に業の因は煩悩である。したがって輪廻の根本原因は煩悩であり、煩悩があるかぎり業は無くなることがなく、結果輪廻の束縛から逃れることはできないのである。したがってここからは煩悩の思惟が行われる。

煩悩の種類と禍患

ツォンカパは煩悩について貪欲、忿怒、慢、無明、疑、有身見、辺執見、見取、禁戒取、邪見の十種を挙げる。それぞれの内容を簡単に説明すると、次の通りである。

一、貪欲
他の者への執着。
二、忿怒
自身に不快をもたらす対象への迫害の気持ち。
三、慢
自分が他人よりも優れていると思うこと。
四、無明
四諦、業の因果、三宝を知ることを妨げるもの。
五、疑
四諦、業の因果、三宝の存在を疑うこと。
六、有身見

無常である身体や自身の我を常住であると考えること。
七、辺執見
自身の周りの世界を常住であると考えること。
八、見取
有身見、辺執見、邪見による間違った見方を最も正しいと思い込むこと。
九、禁戒取
バラモン教の苦行など、異教の戒を正しいと思うこと。
十、邪見
業の因果を否定し、異教の創造神を信じること。

ツォンカパは、これら十種の煩悩は無明を根源として順次生じてゆくという。そして無明からこれらの煩悩が生じる過程と、これらの煩悩が実際に自身にもたらす災いを詳しく説明した上で、これらを思惟せよという。それによって修行者は自身の滅すべき煩悩を明確にイメージすることが出来、これらを滅しようという思いを強く心に決定するのである。

業の種類と積み方

煩悩の思惟が終わったら、次は煩悩を原因として起こる業についての思惟に入るが、まずここで思業と思已薬の二つの業が説明される。
思業とは人が何かを思う働きであり、思った結果として人が何か行動することが思已業である。仏教には別に業の区別について身・口・意の三業というものがあるが、これをこの二つの業に当てはめると、意業が思業、残りの身業・口業が思已業に当たる。ここで一点だけ注意して欲しいが、そもそも業とはサンスクリット「カルマン」の訳語で「行為・活動」といった意味であり、業自体には善悪の意味はない。日本では特に「業深い」などと言った場合にどうしても「業＝悪」というイメージが強いが、これは間違いである。良い活動をすれば良い結果が生まれる、これが善業であり、悪いことをすれば悪い結果が生まれる、これが悪業である。したがって、思業と思已薬の二つの業をまず思惟したら、それらについて悪い業を積むことになるのはどういう場合か、そしてどうすれば良い業を積めるかをしっかりと思惟するのである。

死の思惟

仏教には、人が輪廻に束縛されている状態を四つに分けて、生有・本有・死有・中有とする四有説というものがある。生有とは我々が生まれる瞬間であり、本有がまさに今生存している状態、死有が死ぬ瞬間、そして死んでから次の生有までの間が中有である。中有は日本では中陰と呼ばれることもあるが、仏教では本来、中有は最長四十九日間と決まっている。

さてこれまで人間として生存している状態、つまり本有の状態にある我々の煩悩と業を思惟してきたが、解脱を求める中士にとってはこの本有の後に必ず訪れる死有と中有について理解し、その先の生有に向かわないことが重要である。なぜなら生有を迎えないということはもう生まれないということであり、それこそが即ち解脱だからである。

まず死の思惟については、死には寿命が尽きることや福徳が尽きることなどの様々な条件があること、そして生前の善業・悪業によって死を迎える際の苦しみなどに違いがあること、また重要なこととして、死の瞬間に我が無くなることを恐れて身体に執着することが中有が成立する因であることなどを思惟せよという。これによって修行者は死の際に恐怖から心を乱して解脱の機会を逸したり、悪趣に落ちてしまうことを防ぐのである。

中有の思惟

死の思惟が終わったら、次は中有の思惟である。そもそも中有とはどういう存在なのか、どのようにして再度生まれるかについては『倶舎論』に詳しく述べられており、ツォンカパも主に『倶舎論』の説に従って中有の在り方を説いた上で、それらを思惟せよという。前述のように死有から中有の間が解脱のチャンスであり、この状態において心を乱さず、正しい意識を保つことが最も重要なのである。

したがって生きている今のうちに死有から中有の状態をしっかりとイメージしておくこと

によって、実際に死んだ時に取り乱さないよう、心の準備をするのである。ちなみに一般に『チベット死者の書』と呼ばれているものはチベット仏教には複数伝わっているが、それらは大体死有から中有の状態を生前から学んでおくためのものである。

十二縁起の思惟

我々が輪廻に束縛される苦しみは、十二縁起からも思惟することができる。中士である縁覚にとって十二縁起の理解は、悟りにつながるものである。しかし不思議なことに十二縁起の思惟について『菩提道次第大論』には記述があるが、なぜか本書が主に参照している『菩提道次第小論』では、十二縁起に関する思惟は完全に省略されている。この理由は不明である。

さてこのように苦諦と集諦による輪廻への束縛について思惟したら、小士の時と同じくツォンカパは繰り返し修習を行うことの必要性を強調し、もし修習を繰りかえさなければ、修行は言葉だけで終わってしまうし、特に大士がこの修習をしっかり行い、輪廻の苦しみをしっかりと自身でイメージ出来なければ、他人の輪廻の苦しみを見て慈しみの心を起こし、菩提心を起こす能力が生じないという重大な過失に陥ると警告している。

誤解を排除する

ここでツォンカパは、次のような反論があるという。輪廻を厭離することばかりを修習すると声聞のように寂静の境地に固執することになり、これは菩薩にとって良くないのではないか。そもそも菩薩はすべての衆生が救われるまでは涅槃に入らないのだから、輪廻を厭離することは間違いではないかと。

しかしこれをツォンカパは大きな間違いであり、菩薩も輪廻は厭離すべきであり、実際菩薩は既に無明を滅しているという。改めて考えてみれば、菩薩自身が煩悩を滅していなかったら、煩悩に苦しむ衆生を救うことは不可能である。では、なぜ無明を滅した菩薩が輪廻の世界に生をうけるのか。それは菩薩が衆生救済の誓願と慈悲の力によって、自ら輪廻の世界に留まっているのだという。つまり我々のように、業と煩悩によって輪廻しているのとは根本的に異なっているのである。

解脱への道——①戒と出家

ここまで徹底的に輪廻の苦を思惟することによって、修行者の輪廻を厭離する心は増々強くなり、輪廻からの出離、つまり解脱を求める心は揺るぎないものとなったはずである。では実際、どうすれば我々は解脱できるのであろうか。

「修行の基礎」でも説かれていたが、仏道修行の基礎は三学である。したがって解脱の道も三学にあるのは当然である。そこでツォンカパは三学の内、定（禅定）と慧（智慧）については大士の道において後で触れるので、ここでは戒の重要性について詳しく述べている。

まず戒については、戒を授かり、それを保って修行することによる計り知れない利益を思惟すべきだという。この思惟によって戒を守ることに喜び勇む気持ちを増大させるのであるという。一方で破った時の禍患もまた計り知れないくらい大きいことを思惟しなければならないという。戒は万一破ってしまった時にはそのまま放置せず、懺悔などを必ず行うべきことは言うまでもないが、だからといって破ったら懺悔すれば良い程度の軽い気持ちで戒を受けてはならないのである。

そして戒を実際に授かった後は戒を守って生活をするわけであるが、いわゆる世俗において、戒をすべて守りながら生活することは事実非常に困難である。したがって、やはり本気で解脱を目指すためには出家が奨められるのである。また戒については、在家の密教者であっても戒を授かることの重要性をツォンカパは強調している。

解脱への道―②戒を守る

そもそも、なぜ我々は戒を破ってしまうのであろうか。ツォンカパは堕罪の生じる原因として、次の四つを挙げる。

一、仏法の素晴らしさを知らない「無知」。
二、心を正しいものに向けていない「放逸」。
三、三宝を心から信用していない「不信」。
四、執着、怒りなどの抑えきれない「煩悩」。

そしてこれらを対治するためには、次の事が必要になる。

一、多くの仏法を聴聞することによる「智慧」。
二、聴聞した仏法を心でよく思惟して忘れない「不放逸」。
三、三宝の尊さを知り、心から帰依することによる「信」。
四、自身の心をよく観察することによる「煩悩の滅」。

これまで見てきたように、中士の恐れる輪廻の束縛の苦の根本原因は我々の煩悩なのである。そして煩悩を滅する最も有効な手段は戒を守り修行することであり、そのことを繰り返し思惟し、実際に修習することが必要なのである。

2—5、大士の道の次第

大乗に入る門—①大士

中士に共通する次第を繰り返し修習することによって、修行者は輪廻に束縛されることの苦しみを強く思い、解脱を求める気持ちが揺るぎないものとなったはずである。ツォンカパはここまで修習すると、輪廻の世界が炎の燃え盛る穴のように見えるようになるという。そして戒を守ることを始めとする三学の修行に励めば、修行者は輪廻からの解脱が可能なはずである。

しかし、ここで修行者は本当に解脱を選んでも良いのだろうか。自分だけが解脱の先にある寂静の涅槃に入り、輪廻の世界で苦しみ続ける他の人々を見捨てるのだろうか。ツォンカパは、自利のみを求めるのは畜生も同じと厳しく断じる。人には生来他者を慈しむ心が備わっているのであり、輪廻の苦しみを知ったなら、自分だけではなく、すべての人が輪廻の苦しみから救われることを願わなければならないのである。これが利他の心であり、この心を持つ者のことを大士というのであり、大士は賢者とも呼ばれるのである。

ツォンカパが既に定義しているように、大士とは大悲をもって利他のために無上正等覚を目指す者達であり、つまり大乗の菩薩である。では大乗の教えとはいかなるものであろうか。ツォンカパは、自他のあらゆる善の因であり、あらゆる衰退を除く薬であり、賢明な人すべてが往く大道、見る・聞く・念じる・触れるだけで衆生すべての利益・安楽の養育となるもの、利他に発趣したことにより自利が欠けることなく成就する巧みな方便を備える教えであると説明する。したがってこの大乗の教えに出会ったなら、修行者は必ずこの素晴らしい教えに入らなければならないのである。

大乗に入る門──②発菩提心

では我々は、どうすれば大乗の道に入ることができるのだろうか。このように素晴らしい大士の教えであるから、入り口は限りなく狭き門なのではないだろうか。大乗の道には更に波羅蜜の道（顕教）と真言の道（密教）があるが、ツォンカパは共に入り口は同じ一つであり、それは発菩提心であるという。発菩提心とは菩提心を心に生じさせることであり、ただ菩提心を起こすだけで、他に何の功徳が生じなくても修行者は大乗の道に入り、大乗者となる。一方で空性などいくら仏教の智慧を身に着けても、菩提心を捨てれば、その者は大乗者では無くなるという。

さて、この心に生じさせるだけで大乗者になるという菩提心とは、一体どのようなものなのだろうか。ツォンカパは『華厳経』「入法界品」の説を引用して、「菩提心は仏陀の一切法の種子のようなもの」と説明する。そして空性などの智慧を種に対する水や肥料に例え、声聞・縁覚・菩薩の三乗すべてに水や肥料はあるが、菩薩乗、つまり大乗にしか仏陀の種がないので、大乗でしか仏陀になることはできないとする。

ここで注意すべきは、この考えは裏を返せば菩提心も結局空性の智慧がなければ種のままで発芽しない、つまり仏陀になることはできないということでもあり、ツォンカパの仏教教義において最も重要な空性の智慧が、悟りに不可欠であることが同時に述べられているのである。

大乗に入る門──③菩提心を起こす意味

このようにツォンカパは、菩提心を起こせば将来仏陀になることができるというが、そもそもなぜ我々は仏陀になることを目指すのであろうか。中士では、最終的には解脱を目指していたはずである。もし自身が単に仏陀の悟りの境地に憧れるだけなら、それは本当の菩提心ではない。大乗者が仏陀を目指す目的は、あくまでも利他である。仏陀の境地に達することによって、修行者は一切智者たる仏陀の不可思議な力をその身に備え、その力によって一切の衆生を救うことを願うのである。したがって、自分だけが仏陀になりたいと思うことは本当の菩提心ではなく、それでは結局自身の解脱だけを願う声聞・縁覚と変わらないのである。

つまり自分が仏陀になる自利と他者を救う利他、この二利を共に得るのが大乗なのである。ちなみに本論では省かれているが、『菩提道次第大論』でツォンカパは菩提心を起こすきっかけとして、最初は単に仏陀の能力に憧れて自分もそうなりたいと思う自利だけの目的であっても構わないが、やはり最終的には利他に進まなければならないとしている。

菩提心を起こす

菩提心を修習する方法としてツォンカパは、アティシャからの伝統とされる「七因果口訣」と、シャーンティデーヴァ著『入菩薩行論』第八章に説かれる「自他交換」という二種類の瞑想法を説いている。

七因果口訣――①七つの因果

まず「七因果口訣」は、七つの因果関係から菩提心を修習する瞑想法である。まず正等覚者は菩提心を因として生じ、以下その菩提心は増上意楽を、増上意楽は悲を、悲は慈しみを、慈しみは恩に報いることを、恩に報いることは恩を念ずることを、恩を念ずることは母と思うことを因として生じると思惟してゆく。この七つの因果を順に思惟することによって、菩提心を修習するのである。

七因果口訣――②悲の重要性

この七つの因の中で、ツォンカパは特に悲が重要であるという。なぜなら悲こそが他者を救済しようと思う根本の因だからである。しかし衆生は無数であり、彼らの行いは極めて悪く、菩薩の学処も極め難い。だから修行者は自分には救済は不可能だと思い諦めてしまう。したがって悲の因は特に繰り返し思惟することが重要であり、自己の楽・苦を見ず、他者の利益を厭わない思いを堅固にすることが重要であるという。そして究極の果（諸仏の果）を得た後も、それに満足すること無く、虚空の存在する限り衆生の利益をなすことも大悲の力であるとする。

七因果口訣―③増上意楽

増上意楽とは、簡単に言うと思いを強くすることである。七つの因果では、菩提心と最も重要な悲の間に置かれている。この意味は、悲の思いを強くしなければ菩提心を得ることはできないということである。悲が大切であることは既に述べたが、それにしてもそれをさらに強化する意味は何であろうか。

衆生の苦を取り除きたいという意欲は声聞・縁覚に生じるが、すべての衆生の苦を取り除きたいと願うのは大乗だけである。しかし修行者は自分の今の能力では衆生一人も救うことはできない。また声聞・縁覚二つの阿羅漢の位を得たとしても、僅かな衆生しか救えず、その利益も解脱しか与えられない。結局誰一人として仏陀の位には導くことができないのである。このような自身の無力さを嘆き、すべての人々を救うためにはまず自分が仏陀の位を求めるしかないという強い意欲を発することが修行者には必要であり、だから増上意楽が必要であるとツォンカパは説明する。一切衆生を救済するという大乗者の願いは途方もなく困難なことであり、それを達成するには自身がまず仏陀になるしか方法はなく、そのために挫折は絶対に許されないのである。

七因果口訣―④修習の仕方

それでは実際に、「七因果口訣」に基づいた発菩提心のための瞑想の次第について見てゆく。この瞑想法は母親の愛情と悲を結びつけた瞑想法である。内容を簡単に示すと、次のようである。

一、捨無量心

人はどうしても他者に対して好き嫌いの感情を持ってしまい、すべての人を平等に慈しむことは難しいものである。しかし衆生は皆、楽を欲しがり苦を欲しがらないものであるから、誰かを利益し、誰かを加害するのは不合理であると思う。

二、偏りをなくす

無始の頃からの輪廻転生において、すべての衆生は一度は自分の友人であったであろうし、自己の友にならなかった者は誰もいないと思う。

三、母だと思う（七因の第一因）

このように考えてゆくと、輪廻においてすべての衆生は一度は自分の親族であったであろうし、最終的には自分の母でもあったであろうと思う。そして未来にも、自分の母になる可能性があるとも思う。この思惟を繰り返し修習することによって、一切衆生を自身の母であるという思いを堅固にする。

四、恩を思う（七因の第二因）

面前に自身の母の姿を明瞭にイメージし、現在だけでなく、無始の輪廻からこの人は私の無数の母になり続けているのであると思う。そして生まれてから母が自分にしてくれたことをひたすらに思い返し、言葉だけでない恩が自身の心に生じたら、次に父など他の親族や愛する友人達についてもまた、母であると思う。さらに敵でも友でも無い人達、敵達にも同じ思惟を行い、最終的に一切衆生に対して母であると思い、彼らに対して自身の心に恩が生じるまで繰り返し修習する。

五、恩に報いることを思う（七因の第三因）

自分の恩のある母が苦しんでいるのを助けるのが、息子の責務であると思う。

六、慈を思う（七因の第四因）

愛する友、次に友でも敵でも無い者、次に敵、最後に一切衆生の順番に、彼らが様々な苦に苦しんで安楽に困窮している様を、自身の心に慈が生じるまで繰り返し思惟する。そして最終的に彼らはかつて自分の母であったのであり、彼らすべてを楽に出会わせたいという意欲が自身に自然に生じるまで、思惟を繰り返し修習する。

七、悲を思う（七因の第五因）

慈を思うのと同じ流れで、母となった衆生が輪廻の有に落ちて様々な苦（三苦＝苦苦・壊苦・行苦）を受ける様を、自身の心に悲が生じるまで思惟し、その苦を根絶したいと思う意欲が自身に自然に生じるまで、思惟を繰り返し修習する。

八、増上意楽（七因の第六因）

衆生が「楽と出会ったら」とか、「苦を離れたなら」というような抽象的な四無量心ではなく、現実に病に侵された子供を抱き、なんとしてもこの子を救おうと願う母のように、自分が仏陀となって一切衆生を自分の力で必ず救おうとする強い四無量心を持つ。

九、菩提心（七因の第七因）

利他には無上正覚が必要であり、自利の円満においても一切相智を得ることが不可欠であると心を決定する。このように利他のためを第一として無上正等覚を欲する気持ちを起こすことが、菩提心を起こす（発菩提心）ということである。なお菩提心には、発願心と発趣心の二つがあるという。この二つの菩提心の内容については後述する。

自他交換—①次第

次に、シャーンティデーヴァ『入菩薩行論』の「自他交換」を見てゆく。これは他者の立場になって考えることによって他者を大切にする意識を持ち、一方で自己愛を滅し、最終的に自身の楽を顧みることなく他者を苦から救おうとする心を起こすための瞑想法である。次第を簡単に説明すると、次のようなものである。

世間のあらゆる安楽は他者の楽を欲することから生じたのであり、世間のあらゆる苦は、自己の楽を欲することから生じたと思惟する。次に自己を大切に捉えることはすべて衰退の門であり、そして他者を大切に捉えるのはあらゆる円満の処だと思惟する。そして最終的に他者を大切に捉えることの利益を繰り返し思惟し、自己を大切に思うことを完全に捨て、他者を苦から救いたいと思う心が決定するまで繰り返し修習する。なおこの修習についてツォンカパは、それを教える善知識に親近し、善友と付き合い、さらにそれを教える聖教・註釈書を参照することも必要であるとしている。

自他交換—②自他を交換する難しさ

ツォンカパはこの「自他交換」の難しさについて、「他者の存在は自分には関係ない」という思いと、「他者の苦しみは自身に影響しない」という二つの思いを排除する難しさを指摘している。この二つの思いは共に、自己愛に基づく「自と他」という対立概念から起こるものであるが、仏教ではすべてが因果関係で成り立っているのであり、そもそもすべての物事を対立概念として捉えてはならないということを忘れてはならない。絶対的な自我が存在しないから、絶対的な他者も存在しないのであり、他者と行っても前述のように、輪廻転生においてかつては自分の肉親だったかもしれないことを忘れてはならないのである。

菩提心の儀軌

ここまで二つの瞑想の次第による菩提心の修習を見てきたが、それらの修習によって修行者には、他者救済の利他のために仏陀になろうとする強い思いが生じているはずである。

そうなれば次は儀軌、つまり儀礼による菩提心の修習である。儀軌を受ける修行者の資格は、輪廻を厭離し、死を念じ、智慧と悲が大きい者であるという。つまりは、これまでに小士・中士の修行を終えた大士であるということである。そして儀軌は、必ず誓願心と発趣心の律儀という二種の菩提心を備えた師から受けなければならないとされる。誓願心とは発願心とほぼ同じで、一切衆生を救うために仏陀を目指そうとする心、発趣心とは実際に菩薩戒を受け、菩薩行を実践する段階の心のことである。

儀軌は加行・本行・終行の三つの次第から成り、全体の構成は「修行の基礎」で説明された修習の方法と似ているが、内容は当然異なっている。

儀軌の次第――①加行

まず加行は「修行の基礎」で説明されたのと同じく、本行のための練習に当たるものである。しかし練習と言っても、当然気を抜くようなことは一切あってはならない。次第は次のとおりである。

一、場所を荘厳し、壇を築き、仏像・経典などを安置し、師の座を準備する。自身も沐浴、潔斎する。
二、師を教主だと思い、帰依、礼拝し、供物を捧げる。次に「無上正等覚に発心させてください」と祈願する。
三、師が学処を述べる。
四、七支供養を行って、資糧を積む。
五、慈・悲の所縁・形相を明確にして思惟を修治する。

儀軌の次第――②本行

加行と次第の流れは同じであるが、本行では加行で師に対して行った祈願に加え、悟りを得るまでは絶対にこの気持を捨てないという誓いをたて、より強い発願心を起こす。また本行では発趣心も儀軌によって受けることができるが、発趣心には前述のように菩薩戒を受けていることと菩薩行の知識、つまりこの『菩提道次第小論』ではこの後説明される六波羅蜜を学んでいなければならないから、これらを本行後に必ず学ぼうという強い意思の無い者に対しては、儀軌において発趣心は授けてはならないとされている。

菩薩行を学ぶ――①般若と方便

儀軌によって自身の菩提心が心に堅固なものとなったら、次は菩薩の実践行をしなければ何の意味もない。本論においてツォンカパは、般若・方便双修の重要性についてカマラシーラの『修習次第』や、日本の真言宗でも重要視される『大日経』の三句の法門（「菩提心を因とし、大悲を根とし、方便を究竟とす」）を引用しながら、特に詳しく説いている。

この般若・方便双修について少し解説すると、般若とは正しい智慧であり、方便とは実践のことである。たとえばどんなに素晴らしい智慧を持っている人がいたとしても、その智慧を生かして活動（実践）しなければ何の意味もない。一方で、どんなに活動的な人でも、その人に正しい智慧が無かったら、その行動は非常に危うい結果を生む可能性が高いのである。したがって仏教の正しい智慧を身につけ、それを元にして正しい方便に励むことが重要なのである。三句の法門で言うなら、これまでに本論によって「菩提心」と「大悲」の修習を行ってきたので、それらを完成させる、つまり「方便を究竟」しなければならないのである。

またこの般若・方便の必要性についてツォンカパは、サムイェー寺の論争でカマラシーラと争った大乗和尚の頓悟の説を上げ、これを厳しく批難している。ここでいう大乗和尚の頓悟の説とは、悟りとは深い瞑想のみによってある時突然に到達するものであり六波羅蜜などの実践（方便）はもとより、智慧についても本来仏陀の智慧とは無分別智であるから、仏法を細かく論じるような智慧はいわゆる分別にあたり不要である、つまり般若も方便も必要ないという考え方である。これに対するツォンカパの批判内容については、紙面が限られているのでここでは詳しく触れないが、分別や無分別という物の捉え方に囚われるのではなく、空性を理解する智慧によって正しい方便を実践し、悟りに到達することが出来るとするのが、ツォンカパの基本的な考えである。

菩薩行を学ぶ──②六波羅蜜

大乗仏教において菩薩行といえば、それは六波羅蜜を意味する。したがって菩薩行を学ぶとは、六波羅蜜を学ぶことに他ならない。

菩薩行を学ぶ──③六波羅蜜の自利と利他

大士の修行において自利と利他の両修が必要であることは既に述べたが、六波羅蜜は次のように自利と利他に関係しているという。

布施・持戒・忍辱　＝利他
精進　　　　　　　＝利他・自利共通
禅定・智慧　　　　＝自利

これらについて少し説明すると、布施・持戒・忍辱と利他の関係は、布施は正に利他行であるが、布施には実践する者の正しい心が重要であり、それには持戒が必要である。そして他者からいわれのない危害を加えられたとしてもそれに復讐することは戒を破ることであり、また相手に苦を与えてしまうことになるので、危害に耐える必要がある。それが忍辱である。このように布施・持戒・忍辱の三つが相互に関係して利他が完全なものとなるのである。

次に禅定・智慧と自利の関係は、心を禅定によって寂静の境地に置き、その状態の心で真理を見つめることによって智慧が完成し、自身の悟りが達成されるということである。

そして自利も利他も、それらを正しく実践することは容易なことではない。だから自利と利他の両方に、不断の精進が必要なのである。

ちなみにこの様に一応分類はできるが、あくまでもそれぞれの自利・利他の側面を強調しているだけで、たとえば布施には自身が功徳を積む自利的な部分も当然あり、また智慧も最終的にはそれで他者を救えば利他となる。つまり六波羅蜜すべてが自利・利他両方を備えているということを忘れてはならない。

菩薩行を学ぶ──④六波羅蜜と三学

また六波羅蜜は、次のように三学にも関係するという。

布施・持戒・忍辱　＝　戒
精進　　　　　　　＝　三学すべて
禅定　　　　　　　＝　定
智慧　　　　　　　＝　慧

布施・持戒・忍辱が戒に対応することは利他の説明の箇所から理解できるし、他の対応も理解しやすいだろう。このように六波羅蜜には、仏道修行のすべてがあるのである。

六波羅蜜を学ぶ──①六波羅蜜の内容

いよいよこれから六波羅蜜のそれぞれを学ぶわけであるが、本論はこれまでと同様に六波羅蜜の各項目に対して非常に細かく説明している。紙面が限られているので簡単に概説すると、六波羅蜜のそれぞれが、①それ自体の説明、②区別、③相続させる方法の三つの点から説明される。たとえば布施波羅蜜なら次のように説明される。

①布施とは与えようとする善の思惟から起こる身・口の活動である。
②財施と法施などの区別がある。
③物を保持することの禍患と、施すことの利益を繰り返し思惟することなどが必要。

これは本当に簡単に紹介しただけで、実際はこの布施波羅蜜を含む六波羅蜜すべてが、もっと詳細に説明されている。これまで小士・中士の次第を見てきたので今更ここで改めて強調する必要はないとは思うが、この『菩提道次第小論』においては、それぞれの項目において修行者が明確なイメージを心に持つために、詳細に何度も何度も繰り返し思惟・修習することが求められるのである。

六波羅蜜を学ぶ——②四摂事

六波羅蜜のそれぞれについて詳しく述べた後、今度は六波羅蜜と菩薩の四摂事（布施・愛語・利行・同事）との関係が説明される。布施波羅蜜が、布施に対応することに説明の必要はないだろう。六波羅蜜の教えを、他者に優しく話して聞かせるのが愛語である。そして愛語で説いた六波羅蜜の実践に、人々を導くのが利行である。そして六波羅蜜の実践を率先して行い、人々を共に悟りに導くのが同事である。このように菩薩行の実践は、六波羅蜜と四摂事にすべて集約されるのである。

止観の修習—①止観を修習する利益

いよいよ大士の道において最も重要な止観の修習である。既に述べたように止観とは止住と勝観の二つのことであるが、六波羅蜜でいうと禅定波羅蜜が止住、智慧波羅蜜が勝観に当たる。

まずはこれまでと同じように止観を修習しようとする心を堅固にするために、止観の利益が説かれる。基本的には利益は禅定波羅蜜と智慧波羅蜜の修習による利得と同じであるが、特に止住は相（心の中の影像や思いや言葉。私はああだ、こうだ、と考えたり、憎い、愛しいなどと思い、その言葉と思いにとらわれて悩み苦しむ原因）の繋縛を断じ、勝観は麁重《そじゅう》（自と他とを分別する思い。貪りや瞋《いか》りといった煩悩などを生じさせる原因）の繋縛を断じる利益があるという。

止観の修習—②止観とは

改めて止観とは、止住と勝観のことである。まず止住とは、心が他に散動しないで継続的に作意したことにより所縁に自然に住し、身心の軽安の喜び、楽が生じる状態にあることをいう。そして止住の後、対象領域に対する妙観察、つまり真理について深く洞察するのが勝観である。ここでツォンカパは注意しなければならないこととして、勝観においてどんなに対象を深く洞察したとしても、決してその対象を実体として見てはならないという。すべてのものには永遠なる実体は無い、つまり空性の智慧が必ず必要なのである。

そして止観と呼ばれるように、止住と勝観は必ず両方をこの順で行うことが必要である。なぜなら心が止住して静かな状態になければ、勝観において正しく真理を洞察することが出来ないからである。ツォンカパがこのように止観の説明において空性に基づいた洞察と止観の両修を強調するのは、前述の大乗和尚の頓悟の思想への批判も関係していることを思い出して欲しい。

止住の修習——①止住の学び方

ここからいよいよこの止観の修習についての説明が始まるが、止観はある意味この『菩提道次第小論』の肝心要であり、悟りに到達する最後の道である。ツォンカパも止観に関しては、勝れた師のもとで正しい経典・註釈の記述に従って修習することを特に強調しているので、本書ではあくまでも修習の流れがつかめる程度に内容を概観し、詳しい次第については触れない。

まず止住を学ぶためには、次の条件を整えることが必要であるという。

・良い環境に住する。
・良い法衣など欲しがらない（少欲）。
・今あるもので満足する（知足）。
・在家の仕事や、出家者としても修行に関係のない仕事を捨てる。
・戒を清浄に保つ。
・欲の分別のすべてを捨てる。

止住の修習――①止住の次第

このように自身の修行環境が整ったら次は実際の修習であるが、これまでと同じく加行と本行で構成される。

「加行」

「修行の基礎」のところで説かれた加行の六つの次第と菩提心の修習、そして小士・中士と共通した所縁の修治を行う。

「本行」

過失のない等持（精神集中）の状態を生じさせるため、心を正しい所縁に向ける方法が説かれる。そのために、これまでと同じく等持の功徳を思惟することから始められる。本行の修習の次第においては、修行者の能力に応じて実物の仏像を所縁とする修習や、瞑想のみの修習、そして勝れた修行者に対しては密教の行に通じる呼吸法による修習も説かれている。また行中に起こる修行者の心の落ち込み（沈）や異常な高ぶり（掉挙）の判断方法と対治の仕方などについても、非常に細かく説かれている。

そして心が等持に向かう過程について、次の九つの段階があるという。

一、外界の対象から心を切り離し、心を内の所縁に向ける状態。（内住）
二、内住によって内に住した心全体を安定させ持続させる状態。（等住）
三、失念などによって再び外界に向いた心をもう一度、内の所縁に向けて安住させた状態。（安住）
四、所縁に対して更に心を集中させる状態。（近住）
五、等持の功徳を思惟することによって、等持に喜びの心を持つ状態。（調順）
六、心の散動を過失と思うことによって心を静かにした状態。（寂静）

七、集中力が切れて貪心や眠気などが起こった時、すぐにそれを対治して寂静の心に戻った状態。（最極寂静）
八、所縁に心を注ぎ、それによって静まり定まった心が相続する状態。（三摩地）
九、くりかえし修習することによって、意図することなく自然に静まり定まった心が相続する状態。（等持）

そしてこの等持の状態に心を安住することができたら、いよいよその等持の心で修行者は勝観を修習するのである。

勝観の修習――①勝観の資糧

ツォンカパは、勝観の修習のためには聖教の要を無顛倒に知っている聖者たる師に親近すること、そしてその師から法を聴聞すること、そして聴聞した法を如理に思惟する三つが必要であり、これを勝観の三つの資糧とし、これらが揃わなければ聖教の要を無顛倒に知っている聖者に親近し、無垢の典籍を聞き、聞・思の知恵により真実を証得する見を生じさせなければならないという。また聖教は特に了義の聖教の義を理解することが必要であり、そのためには顛倒なき意趣の註釈によることが大切であるという。

ではここでツォンカパのいう「了義の聖教」、そして「顛倒なき意趣の註釈」とは何であろうか。そして「真実を証得する見」とはどのようなものなのであろうか。本書第二章で見てきたツォンカパの生涯をふりかえればだいたい予想はつくが、改めてみてみよう。

勝観の修習―②了義の聖教

仏教には多くの経典があるが、それを了義の経典と未了義の経典に分ける考え方がある。了義とは「完成された教え」という意味で、了義経とはその内容をそのまま理解して良い経典である、一方で未了義とは「未完成の教え」という意味で、未了義経は文字通り理解してはならない経典である。

ツォンカパは彼の著『了義・未了義、善説心髄』において了義の教えは『般若経』、特にその無自性空の教えであるとしている。つまりここでいう「了義の聖教」とは、無自性空を説くナーガールジュナの『根本中頌』のことである。

勝観の修習―③顚倒なき意趣の註釈

『根本中頌』には多くの註釈書が存在するが、空性の解釈については註釈間で違いがある。その中でツォンカパはチャンドラキールティとブッダパーリタの解釈を正しいとしており、彼らの註釈に基づいた空性理解の派を帰謬論証派という。したがって「顚倒なき意趣の註釈」とは帰謬論証派の註釈書のことである。

勝観の修習――④真実を証得する見

では最後に「真実を証得する見」とは何かというと、前述の内容からわかるように、帰謬論証派の空性理解に基づいた見である。空性によって世界を観察・理解するのが仏陀の智慧であり、これを修行者が体得することを目指すのが勝観の修習であり、この『菩提道次第小論』の最終目標である。なおここで修習する空性については、本書第四章において解説する。

密教

ツォンカパはこの『菩提道次第小論』を、密教への誘いで終えている。三士の教えをすべて修習した者は、迷わず密教に進むべきだという。その理由は福徳と智慧の二資糧を速やかに円満することが可能であるからだという。つまり成仏が速いからである。しつこいかもしれないが、ツォンカパが成仏の速さにこだわるのはあくまでも利他、つまり少しでも速く成仏して一人でも多くの人々を救うためである。

そして密教については、同じくツォンカパの著作である『真言道次第大論』を学ぶことを奨めている。なおツォンカパは、密教に進む場合には必ず灌頂を受け、受戒することの必然性を説くことを忘れてはいない。

つまりは『菩薩道次第小・大論』と『真言道次第大論』は上下巻の関係にあるのであり、この二書でツォンカパの顕密両修体系が完成するのである。

いかがだったたであろうか。読者の皆さんにも悟りへの道筋がおぼろげながらでも見えてきたのではないだろうか。

第四章

その思想——中観派的観点

1　中観派

中観派成立以前

中観派の教義の根本である縁起と空の思想は、そもそもは釈尊が説いた教えである。縁起の基本的な考え方は「Xによって Yが生じる」、「XがなければYは生じない」ということであり、空とは端的に言えば「すべてのものに普遍なる本質はない」ということである。

たとえば目の前にレンガを積み上げて作った家があるとする。レンガを崩すと家はなくなり、目の前にはレンガの山があるだけである。縁起で説明するなら「レンガによって家が生じた」のであり、「レンガがなければ家は生じない」のである。またレンガがあっても、積み方によっては家ではなく机などの別のものになるかもしれない。つまりレンガがある条件に従って積み上げられた結果、家ができたのであり、レンガを崩したら家がなくなったということは、家という絶対に壊れることのない普遍の本質はないのである。これが「家は空である」ということである。

ところで家が空であることはわかったが、では残ったレンガは空ではないのだろうか。縁起の考えをもう一度持ち出せば、レンガは土を焼いたものだから、「土によってレンガが生じる」ということができる。つまりレンガも空である。そうすると今度は、土は空ではないのだろうか……。さて皆さんは気づいたであろうか。この論議を突き詰めていくと、無限訴求に陥るのである。そこで釈尊の縁起・空の教えを守りながらも、最小限の世界を構成する要素の実在を認めることによって、縁起の理論が無限訴求に陥ることを避けようとしたのが、部派仏教の最有力学派であった説一切有部の「三世実有」という考え方である。

説一切有部は、過去・現在・未来に渡って実在する我々の世界を構成するこれ以上分解できない最小限のパーツの存在を認め（パーツは大きく五つのカテゴリーに分けられ、全部で七十五あることから「五位七十五法」という）、これらパーツの縁起関係によって、世界の成り立ちを説明した。先程の例で言うなら、土を構成する現代の科学で言うところの原子のような、これ以上分解できないものの実在を認めたのである。

中観派の成立

このような説一切有部の考え方に対して、本来釈尊の説いた「空」とはあくまでも普遍の本質を一切持たないということであるとして『般若経』に説かれる空をより詳細に考察し、説一切有部の三世実有説に対して、「縁起するものは一切普遍の本質をもたない」という空の立場から批判したのが、ナーガールジュナ（龍樹　一五〇〜二五〇年頃）であった。

ナーガールジュナが一切本質を持たないことにこだわった理由は、彼の縁起理解にある。そもそも縁起の根本は釈尊の説いた十二縁起にあり、十二縁起によって苦の根本原因を無明と知り、それを滅することによって完全な無である涅槃に入ることが、仏教の本来の目指すところである。しかしナーガールジュナはいかに小さな単位であっても、もし普遍の存在を認めるなら完全な無、つまり涅槃は達成できないと考えたのである。このようにナーガールジュナは、本来別々の教えであった縁起と空を合わせて、「縁起空」という概念を作った。彼がこの縁起空の思想をまとめたのが『根本中頌』であり、そこから中観派が起こったのである。

自立論証派と帰謬論証派

ナーガールジュナの著した『根本中頌』は全二十七章、約四百五十偈で構成されている。すべて偈頌の形で簡潔に書かれていることから、後世弟子たちによって多数の註釈が著わされた。その中で中観派に大きな影響を与えたのが、ブッダパーリタ（仏護　四七〇〜五四〇年頃）とバーヴィヴェーカ（清弁　四九〇〜五七〇年頃）の註釈である。

まずブッダパーリタは『根本中頌』に対する註釈『ブッダパーリタ註』において、仮言的な帰謬法（背理法）を使って空性を解説した。それに対してバーヴィヴェーカは註釈『般若灯論』において、ブッダパーリタの背理法による論証を批判し、仏教論理学を確立したディグナーガ（陳那　四八〇〜五四〇年頃）の論証法を元にした定言的な論証方法によって空性を解説した。そして今度はバーヴィヴェーカの論証法を批判したのが、チャンドラキィールティ（月称　五三〇〜六〇〇年頃もしくは六〇〇〜六五〇年頃）であった。彼は註釈『プラサンナパダー』において、ブッダパーリタの帰謬法による空性理解を評価する一方、バーヴイヴェーカの定言的な論証方法を中観論者が空性を論証する手段として不適当であるとし、「自立論証」と呼んで批判した。

これ以降、中観派にはチャンドラキィールティの流れとバーヴィヴェーカの流れが成立し、後に彼等が採用した方法論に基づいて、それぞれ「帰謬論証派」、「自立論証派」という呼称が与えられるようになったと考えられている。特に自立論証派は後に唯識の教義を自説に取り入れ瑜伽行中観派と呼ばれるようになり、チベット仏教は同派の強い影響を受けた。

2 ツォンカパの中観思想

本書第二章でも少し触れているが、ツォンカパの中観思想はいくつかの変遷を経ている。まずツォンカパの在世当時、チベット仏教界では瑜伽行中観派の自立論証派が優勢であった。これはチベット仏教の祖とされるシャーンタラクシタと、サムイェーの宗論で大乗和尚と論争したカマラシーラが瑜伽行中観派であったことや、チベット仏教で重要視される『般若経』の註釈書『現観荘厳論』が、瑜伽行唯識派のテキストであることが理由であると考えられる。ツォンカパも彼の三十二歳の時の著作である『現観荘厳論』に対する註釈書『善説金蔓』では、瑜伽行中観派の論理に基づいて論じている。

ツォンカパの最初期の中観思想については、いわゆる「ガーワドンの啓示」の話から伺い知ることができる。この時、ツォンカパはウマパを通じて文殊菩薩に対して自身の中観理解について、「自ら承認することは何もなく、自説として主張するものも何もない」という虚無論的な解釈を披露し、文殊菩薩からそれは帰謬論証でも自立論証でもないと一蹴されている。しかしこの後、文殊菩薩のアドバイスに従って修行を続けた結果、四十一歳の時に夢の中でブッダパーリタから直接中観を学ぶという神秘体験をし、この時ツォンカパの中観帰謬論証派の理解が決定したとされる。

3　ツォンカパの二諦説

勝義諦と世俗諦

中観思想の中で重要なものとして、二諦説がある。これは『根本中頌』の第二十四章に、次のように説かれている。

「諸仏は二諦［という二種の異なるレベルの真実］によって教え（法）を説くのである。すなわち、世間の常識としての真実（世間世俗諦）と究極的な意味での真実（勝義諦）とである」（第八偈）

「その二諦の区別を知らない人々は、［諸］仏の深遠なる教えの真実をしらない」（第九偈）

「言語活動（言説）によらずして、究極的なもの（勝義）は説示されない。究極的なものを理解せずして、涅槃は証得されない」（第十偈）

（桂・五島『龍樹『根本中頌』を読む』より）

この第二十四章では、「もし一切が空であるならばそもそものの生滅はなく、四聖諦も存在しないのではないか」という実在論者からの批判に対する反論がなされており、ここでナーガルジュナは、「空性においてこそ四聖諦と涅槃が成り立つ」とする独自の縁起空説を基に、空性の教えは究極の真実（勝義諦）であって本来言説によって表すことはできないが、仏は衆生救済のため、あえて言説によって教えを説いた（世俗諦）とする。これが二諦説である。

そして縁起によって起こっているのが凡夫の世俗諦としての世界であり、勝義諦としては空であるとし、自性（そのものの本質）を持たない空なるものが縁起していると理解するのが正しい二諦説の理解であるとするのが、ツォンカパの中観思想の基本である。整理すると次のようになる。

中観派　＝自性のないものに縁起の法則が成り立つ。
実在論者＝自性のないものに縁起の法則は成り立たない。

なお注意してほしいが、ツォンカパのいう中観派は「帰謬論証派」だけのことで、同じ中観派でも「自立論証派」を彼は「実在論者」とみなしている。
さてツォンカパのこの二諦説の考え方にはもう一点、ものの存在の有無に対する独自の見方がある。まずツォンカパのいう実在論者の存在の有無は次のように表される。

有＝自性によって存在していること。（縁起の存在）
無＝全面的に存在しないこと。（無自性・空）

このように縁起の存在と無自性・空は完全な対立概念であり、両立はありえない。しかしツォンカパは、次のように存在の有無を四つに分ける。

有①＝単に存在していること。（縁起の存在）
有②＝自性によって存在していること。
無①＝全面的に存在しないこと。
無②＝自性が存在しないこと。（無自性・空）

そしてツォンカパは有②と無①を否定し、単に存在していること（有①）と、自性が存在しないこと（無②）は矛盾せず両立するという。つまり二諦説に当てはめると次のことが成り立つのである。

世俗諦＝諸存在が縁起すること。
勝義諦＝諸存在が無自性・空であること。

この理解によってのみナーガルジュナの言う「空なるものが縁起する」ことを論証できることから、この論法は「不共の勝法」と呼ばれる。そしてこの「不共の勝法」こそが、ツォンカパが「ガーワドンの啓示」によって確信した内容であると考えられている。

さらにこの二諦説についてツォンカパは、縁起を含め、釈尊が我々世俗の衆生のために言葉で説いた教義も真理であり、究極には空と同じであるとし、次のように二諦を定義するようになる。

世俗諦＝言説有
勝義諦＝勝義無

ツォンカパの二諦説の変化

さて既に『菩提道次第小論』のところでも触れたが、ツォンカパの二諦説は最初に著わされた『菩提道次第大論』と、弟子のための実践書として後に簡略版として著わされた『菩提道次第小論』では少し変化している。これまで見てきた二諦説は主に『大論』のものであったが、次は『小論』の二諦説を見てゆく。

『大論』の二諦説における世俗諦と勝義諦は、あくまでも認識主体から見た世界の在り方であったが、『小論』においては、認識主体自体のレベルの違いによる世界の在り方であると考えられるようになる。ここでいうレベルの違いとは、煩悩障と所知障の有無による区別で、次のように分類される。

凡夫　＝煩悩障・所知障共にある。
声聞・縁覚・菩薩＝煩悩障は滅しているが、所知障が残っている。
仏陀　＝煩悩障・所知障共に滅している。

ここで注意しなければならないのが、この煩悩障と所知障の意味である。一般的な仏教教義では、煩悩障とは自我があると思い込みそれに執着する（人我執）ことによって起こるものであり、所知障とはすべての存在に実体があると思い込みそれに執着する（法我執）ことによって起こるものである。そして煩悩障を滅するのが小乗、所知障を滅するのが大乗の教えとされる。しかしツォンカパの考え方は非常に独特で、煩悩障とは人我執・法我執両方のことであり、所知障とは人我執・法我執を完全に滅しても残ってしまう煩悩障の残り香のようなもの（習気）と定義する。そして煩悩障を滅することによって、初めて勝義諦を見ることができるとする。この定義に従って、三者の世間の認識をまとめると次のようになる。

・凡夫
煩悩障・所知障があるので、勝義諦を認識することができない。したがって彼らにとっては世俗諦・勝義諦の区別はなく、世間はそのまま「真実」である。

・声聞・縁覚・菩薩
煩悩障を滅しているので勝義の世界を認識できるが、所知障が残っているので凡夫の世界も見える。そして彼らにとって凡夫の世界は「世俗において諦（真理）だと思われているもの」であって本当の諦ではない、単なる世俗である。これを唯世俗という。声聞・縁覚・菩薩にとって世俗の世界は、無自性なものが縁起している世界であり、幻の如き存在であるという。まさにこれが「不共の勝法」である。

・仏陀

煩悩障・所知障を滅しているので、仏陀には勝義諦の世界しか見えない。つまり仏陀には空性のみしかなく、何も認識できないという。しかし仏陀は衆生を救済するため、我々凡夫の認識結果としての世界を認識している。

これらを整理して、三者それぞれの二諦を纏めると次のようになる。

・凡夫の二諦
世俗諦＝単なる真理
勝義諦＝見えない
・声聞・縁覚・菩薩の二諦
世俗諦＝世俗が真理だと思っているもの、唯世俗（本当の真理ではない）
勝義諦＝空性の世界
・仏陀の二諦
世俗諦＝見えない（凡夫が認識している世界として認識できる）
勝義諦＝空性の世界（何も認識できない世界）

この三者の世間の認識の仕方を非常にわかりやすく表現しているのが、有名な「幻術師の例え」である。幻術師が観客に術を掛けて石を馬に見せているとする。観客には目の前には馬しか見えず、これが石であるとは全くわからない。しかし幻術師には馬が見えていると同時に、これが石であることも知っている。するとそこに遅れて観客がやってくる。彼は術を掛けられていないので目の前には石しかなく、他の観客が何を見て喜んでいるのかわからない。

この例えを整理すると次のようになる。

・観客（凡夫）
馬（世俗諦＝幻）＝本物として見える
石（勝義諦＝実物）＝見えない
・幻術師（声聞・縁覚・菩薩）
馬（世俗諦＝幻）＝見えているが幻だと知っている
石（勝義諦＝実物）＝今は馬に見えているが、元の石も知っている
・遅れてきた客（仏陀）
馬（世俗諦＝幻）＝全く見えないが、観客の反応から馬として見えていることを知る。
石（勝義諦＝実物）＝見えている。

この例えで勘違いしてはならないことは、声聞・縁覚・菩薩を幻術師とするのはあくまでも例えであって、幻術師が人を騙そうとして人々に術をかけるように、声聞・縁覚・菩薩が人々に術をかけて惑わそうとしているわけでは無い。我々凡夫が惑わされているのは、すべて自身の無明によるということである。

以上見てきたように『菩提道次第論大論』と『菩提道次第論小論』で二諦説は論調が変わっているが、空性理解の根幹が変わるようなものではない。「縁起するものは空である」という「不共の勝法」の論理は変わっておらず、これがツォンカパの中観思想の基本なのである。

そしてこのように縁起して存在しているこの世界を、そのまま空であると見ることが仏陀の悟りの境地なのであり、この境地にすべての衆生を導くためにツォンカパが著したのが『菩提道次第大・小論』なのである。

なお本章ではツォンカパの空性理解についてほんの概略だけを解説したが、実際のツォンカパの空性理論はもっと緻密で複雑である。読者の皆さんには本書の参考文献に挙げている専門的な研究（福田洋一『ツォンカパ中観思想の研究』など）を読んで、さらに知識を深めて欲しい。

第五章

無上瑜伽タントラ

本章ではチベット密教が教義的基盤を置く無上瑜伽タントラについて、その成立過程と思想内容について概観したい。

1　密教の歴史

密教の始まり

インドにおいて、密教がいつ始まったのかをはっきりと定義することは難しい。そもそも密教は、かつて釈尊の開いた仏教が根本分裂を経て部派仏教へと分かれ、さらに大乗仏教が部派仏教を小乗と呼んで否定し出現するように、先行する集団に対して批判的に分派したのではない。実際インドの仏教経典の中では、それまでの六波羅蜜の実践を修行の中心としたいわゆる顕教的大乗仏教を「波羅蜜道」と呼び、新たに真言や儀礼によって悟りを目指す密教を「真言道」と呼んでいる。「乗」ではなく「道」としているところが重要で、密教はあくまでも大乗とは別の教団ではなく、大乗仏教教団内の悟りへの修行法のコース（道）の違いなのであり、どちらのコースを選択するかは修行者の能力に合わせて決められるもので、そもそも目指す悟りの境地は同じであるから両者に優劣は無いというのが建前である。

さて密教の特徴として真っ先に浮かんでくるのが、真言（マントラ）や護摩などの儀礼であるが、そもそもこれらは釈尊誕生以前からインドの古代宗教であるバラモン教において重要視されていたものであり、釈尊はこれら真言や護摩を、仏教の悟りには不要のものであるとして否定した。つまり密教は、かつて釈尊が否定したものを取り入れたのである。開祖の否定したものを取り入れているとすれば、密教は仏教ではないと思うかもしれない。実際に現在でも、密教は正統な仏教ではないという偏見は根深く残っている。しかしインドの密教徒達は、自分達を正当な仏教の継承者として疑うことはなかった。つまり彼らには、釈尊の教えを守りつつも釈尊の否定したものを取り入れる、または取り入れなければならない理由があったのである。この点を見失うと、密教はまさに釈尊の教えを逸脱した邪教ということになってしまうのである。

ではその理由とは何であろうか。少し話は遠回りになってしまうが、インドの宗教文化の変遷から考えてみたい。

インド宗教文化の始まり

インドの宗教文化は、大きく非アーリア系とアーリア系に分けることができる。非アーリア系とは、紀元前二六〇〇年頃から栄えたインダス文明を始めとするドラヴィダ人などの先住民によるインド土着の宗教文化で、獣、鳥、樹木、女神、生殖器に関する崇拝やヨーガ(瑜伽)を特徴とする。

次にアーリア系とは紀元前一五〇〇年頃インドに入ってきた遊牧民アーリア人の宗教文化で、聖典ヴェーダや五穀豊饒、治病、長生、除災、請雨などを祈願する真言(マントラ)そして護摩儀礼などを特徴とする。

そしてこのアーリア人が、自身の宗教文化を中心にして支配的に構築した宗教がバラモン教である。アーリア人はカーストという人種による差別制度を作り、自身をバラモンという最高位カーストに位置づけ、非アーリアの先住民を低いカーストに分類することによって支配することに成功したのである。

インド社会の変化と仏教の誕生

ところが時代が進みインド社会が成熟してゆくと王権の覇権争いが始まり、また庶民の間では商業活動が盛んになり、その結果、貴族的階級であるバラモンよりも、戦士階級や労働者階級である下位のカーストが力を持ち始めた。日本でもかつて貴族が大きな力を持っていたが、後に武士、商人が力を持っていったのと同じような社会変動が起こったのである。

そしてこの流れが一つのピークを迎えるのが、紀元前五世紀頃の自由思想の時代である。この時代、これまで神が作ったものとしてその聖性が絶対視されていたバラモン教の聖典『ヴェーダ』の権威を否定する者が、下位カーストから多数現れたのである。そしてその否定した者達の中の一人が、クシャトリヤ階級出身の釈尊だったのである。釈尊はヴェーダの権威を否定し、前述のようにバラモン教が重視した真言や護摩といった儀礼文化も完全否定した。

この後、仏教はアショーカ王の帰依など、大きくインド全土に伝わってゆくが、一方で打撃をうけたバラモン教も変容していった。バラモン教の中心であるバラモン達は自分達、つまりアーリア人の文化だけでなく、インド土着の民族の保持していた非アーリアの文化を積極的に取り入れることによって、ある意味「インドに住むすべての人々のための宗教」を目指したのである。そうやって成立していったのがヒンドゥー教である。たとえばヒンドゥー教では最高神としてシヴァ・ヴィシュヌ・ブラフマーの三神を数えるが、シヴァは非アーリア系、ヴィシュヌとブラフマーがアーリア系の神である。この後もカースト制度だけは揺らぐことはなかったが、非アーリア系の宗教文化をどんどん取り入れることによって、ヒンドゥー教はインド全土に信仰を広げていった。

仏教の変容と密教の誕生

一方で仏教もヒンドゥー教が勢力を伸ばす中、特に大乗仏教において変革が迫られるようになった。大乗仏教は在家主義を掲げることから、当然在家の人々との関係が深くなる。すると前述のバラモン教の場合と同じく、仏教も「インドに住むすべての人々のための宗教」を目指すためには、様々な文化を取り入れる必要が出てくるのは当然の流れである。その結果のひとつが、インド宗教文化において古くから親しまれていた真言や護摩などの呪術的儀礼の導入であり、これが密教の始まりの一端と考えることができるだろう。

また密教は儀礼だけでなく、尊格も積極的に取り入れている。たとえば被葉衣観音《ひようえ》や太元《だいげん》帥明王、毘沙門天などは、インドの山岳系先住民族のイメージをそのまま神格化したものと考えられている。また大自在天はヒンドゥー教のシヴァ神、弁財天は河の神サラスヴァティーのことで、仏教はヒンドゥー教の神々も積極的に導入していった。

このように仏教は、インドの宗教文化を積極的に導入することによって「インドに住むすべての人々のため宗教」として変化・発展していったのであり、そのひとつの形態が密教なのである。

2　無上瑜伽タントラ

密教の分類と無上瑜伽タントラの位置づけ

これまで見てきたように、密教は大乗仏教が徐々にインド文化を取り入れる形で生まれてきた。したがって密教の成立時期を正確に定義することは難しいが、一般に三世紀頃から仏教経典の中に密教的要素の見られる経典が現れ始めたとされている。その後、十三世紀にインドで仏教が滅亡するまで密教経典は編纂されてゆくが、これらの密教経典を整理・分類したのが、チベットの学僧プトンである。彼は自身の活躍した十四世紀迄にインドからチベットに伝わっていた密教経典すべてを、成立時代とその教義内容から次の四つのカテゴリーに分類した。

・所作タントラ（三〜六世紀に成立。）
経典の内容が、真言の唱え方や護摩などの儀礼のやり方といった外的作法（所作）中心となっている。また儀礼の目的も病気治癒や子孫繁栄など、現世利益的なものに重きが置かれている。このカテゴリーを密教の時期による分類では初期密教、日本の真言宗の分類では雑密とよぶ。
・行タントラ（七世紀前半に成立。）
所作タントラで行われていた儀礼が中観・唯識思想といった仏教教義によって裏打ちされるようになり、仏教の儀礼として整備される。また現世利益よりも、成仏を目標とした菩薩行などの修行法が重要視されるようになる。真言宗で重要視される『大日経』はここにカテゴライズされる。
・瑜伽タントラ（七世紀後半に成立。）
行タントラの修行法をさらに発展させ、外的な作法よりも瑜伽による瞑想法に重点が置かれるようなる。またこの頃から即身成仏が説かれるようになる。真言宗で重要視される『金剛頂経』はここにカテゴライズされる。なお、行・瑜伽タントラの両カテゴリーを併せて、密教の時期による分類では中期密教、日本の真言宗の分類では純密とよぶ。
・無上瑜伽タントラ（八世紀以降、十三世紀のインド仏教滅亡迄に成立。）

瑜伽タントラよりさらに瑜伽による瞑想法に重点が置かれるようになるが、それ以上にこれまでの下位三カテゴリーと比べ、経典の内容が大きく変容する。詳しくは後述するが、まさに激変と言っても過言ではないほどの変化で、そのため中国では仏教経典としては受け入れられず、その結果日本に正式に伝わることはなかった。密教の時期による分類では後期密教とよぶ。

なお最後の無上瑜伽タントラは、内容からさらに次の三つに分類される。

・方便・父タントラ
マンダラ観想法や布置観などの瞑想法を中心とする。『秘密集会タントラ』が代表経典とされる。
・般若・母タントラ
性行為や呼吸法を用いた行法などの生理学的手法を中心とする。『チャクラサンヴァラ・タントラ』、『ヘーヴァジュラ・タントラ』が代表経典とされる。
・双入不二タントラ
方便、般若両タントラの教義を統合するタントラ。『カーラチャクラ・タントラ』がこのタントラに分類される。

この分類は「タントラ四分類法」と呼ばれ、内容の妥当性から現在も一つの基準として学会でも用いられているが、チベット仏教では各派によって解釈の違いがあり、たとえば本書第二章でも既に触れたように、ツォンカパは『カーラチャクラ・タントラ』を般若・母タントラに、サキャ派は『ヘーヴァジュラ・タントラ』を双入不二タントラに分類している。

無上瑜伽タントラの時代背景

そもそもお経の「経」とは、サンスクリット「スートラ」の漢訳である。スートラとは本来織物の「よこ糸」の意味であるが、広くインドにおける聖典の呼び方でもあり、バラモン教、ヒンドゥー教、ジャイナ教でも「〇〇スートラ」と呼ばれる聖典が多数存在する。

ところが七～八世紀頃からインドの諸宗教においてほぼ時を同じくして「〇〇タントラ」と呼ばれる聖典群が出現する。ちなみにタントラとはサンスクリットで織物の「たて糸」の意味である。たとえば仏教では、前述のプトンの四分類法における瑜伽タントラ以降の経典はほぼ「〇〇タントラ」であり、『金剛頂経』の「経」も原語はタントラである。このようにインド諸宗教全体にタントラと呼ばれる聖典群が現れたムーブメントをタントリズムと呼び、この中で仏教におこった現象を仏教タントリズム、ヒンドゥー教で起こったものをヒンドゥータントリズムと呼ぶ。そしてこの仏教タントリズムに相当するのが、無上瑜伽タントラ・後期密教にカテゴライズされる経典群なのである。

このようにタントリズムはインド宗教全体で同時期に起こったムーブメントで、呪術的傾向が強く現世肯定・現世利益主義といった特徴を持つ。特に仏教とヒンドゥー教のタントリズムは方向性が似ており、真言や儀礼などについては、成立時代が後になるほど両者の間に共通的要素が多く見られるようになる。

無上瑜伽タントラの思想的特徴

前述のように無上瑜伽タントラは、ヒンドゥー教タントラと内容に類似が多く見られるようになるが、あくまでも思想基盤は大乗仏教の唯識や中観思想に置き、儀礼や曼荼羅の基本構成は『金剛頂経』から受け継いでいる。ちなみにチベットが仏教を受容したのは七世紀中葉以降であるため、チベット仏教はこの無上瑜伽タントラの影響を非常に強く受けている。この無上瑜伽タントラ受け入れの有無が、中国・日本密教とチベット密教の決定的な違いである。

さてこのように日本密教は全く影響をうけず、一方でチベット密教には大きな影響を与えた無上瑜伽タントラであるが、思想的特徴について纏めると、次のような点を挙げることができる。

・マンダラの主尊交代

日本で最もよく知られている「両界マンダラ」（金剛界マンダラ・胎蔵マンダラ）の主尊は大日如来であり、マンダラの主尊と言うと大日如来というイメージが強いが、実はインド密教の歴史の中で主尊が大日如来であるのは中期密教の時代だけで、後期密教すなわち無上瑜伽タントラの時代になると、説かれる経典によって主尊は様々に交代する。特に阿閦《あしゅく》如来や文殊菩薩の忿怒形が、多く主尊として見られるようになる。

・忿怒尊・多面多臂《ためんたひ》尊の増加

三面六臂のヘーヴァジュラ尊や、水牛の頭を持ち九面三十四臂十六足のヴァジュラバイラヴァ尊など、異形の尊格が多く見られるようになる。

・男女合体尊の出現

前述のようにインド文化には非アーリア文化を基にする生殖器崇拝の伝統があるが、そこからタントリズムの時代に特に影響力を増したのがシャクティ崇拝である。シャクティは「性力」とも訳されるが、女性が生命を生み出す力の象徴で女性原理とされ、さらには宇宙エネルギーの象徴とされる。そして男女の神が抱き合う姿は宇宙エネルギーとの一体化を表現しており、その影響を密教が受け、ビジュアル的に現れたのが男女合体尊である。密教の無上瑜伽タントラの場合、男女合体尊は方便・般若両修の象徴と理解される。この方便・般若についてもう少し詳しく解説すると、方便とはサンスクリット「ウパーヤ」の訳で、実践活動を表す。サンスクリットには文法的に名詞には男性名詞・女性名詞・中性名詞の区別があるが、ウパーヤは男性名詞であり、活動的イメージから男性尊に当てる。一方般若はサンスクリット「プラジュニャー」の訳で、智慧を表す女性名詞であり、知的イメージから女性尊に当てる。そして本書第三章でも述べたとおり、密教では行者はこの方便と般若の両方を備えることが必須とされ、それが「方便・般若両修」であり、これを尊格のイメージで表現したのが男女合体尊なのである。

また仏教教義では自と他、清浄と穢、昼と夜、太陽と月といった一般的なものから、有相と無相、世俗と勝義、輪廻と涅槃といった仏教独自のものまで対立概念をよく用いるが、男女合体尊は悟りの境地におけるそれら対立概念の一体化（無分別の境地）も象徴している。さらにこの流れから、実際の行法においても男女の性的な行為が儀礼（性瑜伽）として用いられるようになる。

・反倫理・反道徳的表現

獣肉・人肉・大小便・血液・精液の飲食、近親相姦、殺人の勧めなど、明らかに破戒的・反社会的表現が多く見られるようになる。これらはインドに古くからある非倫理的な呪術的宗教儀礼を取り入れたものであり、あくまでも密教教義の象徴表現の一つとして理解されるものであるが、歴史的にはこれらの内容をそのままに修行として実践していた者達も一部存在したようである。また無上瑜伽タントラには呪殺（マーラナ）というものも説かれている。これは仏法に従わない者をあくまでも慈悲心に基づいて殺害し、後に文殊の仏国土に転生させるというもので、究極の慈悲行とされる。第二章でも触れたが、この呪殺は当時チベット仏教で流行し、大きな問題となった。

無上瑜伽タントラのチベットに与えた問題

このように内容の大きく変容した無上瑜伽タントラは、インドでは仏教徒に大きな衝撃を与えつつも結局大流行したが、中国のように初期密教から段階的に密教を受容していた国では、この変化が受け入れられることはなかった。無上瑜伽タントラの代表経典である『秘密集会タントラ』や『ヘーヴァジュラ・タントラ』は、宋の時代に一応漢訳されている。しかし性的な表現をあえて不明瞭に訳すなどかなり苦労して翻訳しているにもかかわらず、結局それが仇《あだ》となって内容は理解し難く、最終的にその後の無上瑜伽タントラ経典の翻訳は禁じられ、中国で流行することはなかった。そして中国で禁じられた結果、中国から密教を導入していた日本の密教にも全く影響を与えなかったのである。

ところが七世紀から八世紀以降に本格的に仏教を導入したチベットには、最初から部派仏教、顕教的大乗仏教、そして無上瑜伽タントラまでの密教、つまりはインド仏教がフルセットで同時に伝わったのである。その結果インドと同じくチベットでも無上瑜伽タントラが大流行し、特に性瑜伽と戒律の両立の問題という、インド仏教でも最後まで解決されなかった難問にチベット仏教は最初から苦しめられたのである。

その後、アティシャの『菩提道灯論』によってこの問題解決にある程度の道筋がつけられたが、最終的に解決したのがツォンカパであったことは、これまで見てきたとおりである。

第六章

チベット密教の思想と行法

1　はじめに

チベット密教は、一般的に後期インド密教（無上瑜伽タントラ）の思想を今に伝えるとされているが、実際にはボン教などのチベット土着信仰の影響を受けてローカライズされている。神道などの影響を受けている日本仏教と同じようなものである。またチベット密教といっても本書第一章で既に述べたように、チベット仏教の各宗派はほぼすべて顕教と密教両方の教義をもっており、しかも各宗派で顕密のバランス、そして重視する経典や教義がかなり異なっている。

その中で本書の主人公であるツォンカパと彼の開いたゲルク派の密教思想の一番の特徴は、多くの密教経典の中で『秘密集会タントラ』を最高の経典として位置づけ、さらに同タントラを聖者流の註釈に基づいて解釈しているところにある。そしてこのツォンカパ独自の密教思想に基づいて作られた悟りへの実践法が『真言道次第大論』である。したがって本章では『秘密集会タントラ』、聖者流、そして『真言道次第大論』について解説してゆく。

2　『秘密集会タントラ』

『金剛頂経』と『秘密集会タントラ』

『秘密集会タントラ』は後期インド密教の始まりを告げた経典で、瑜伽タントラに分類される『金剛頂経』の発展型にあたるとされている。そこで『秘密集会タントラ』と『金剛頂経』

の関係について、不空訳（あるいは撰述）『金剛頂経瑜伽十八会指帰』（以下『十八会指帰』）から見てみたい。同書によると元々『金剛頂経』とは単独の経典名ではなく、一連の密教経典のシリーズ名のようなもので、世尊が十八の場所（会）で説いた教えをそれぞれ経典にして纏めたものであるとし、『十八会指帰』にはその経典名のリストとそれぞれの簡単な教義の概要が掲載されている。

そして第一会の経典名が『一切如来真実摂大乗現証大教王経』とあり、これが日本の真言宗で重要視されている『金剛頂経』にあたり、全十八会の第一会目（初会）なので『初会金剛頂経』とか、本来の経典名を略して『真実摂経』と呼ばれる。では二会以降はと言うと、真言宗の伝承によれば、不空の師である金剛智が全十八会の『金剛頂経』をインドから船で唐に運ぶ途中に暴風雨に遭い、水夫が船が沈まないようにと勝手に二会以降をすべて海中に捨ててしまい紛失してしまったとされている。

この説に対して、かつては実在したのは第一会だけで二会以降は元々存在しない、つまり『金剛頂経』は本当は膨大な経典であるが、現存する『金剛頂経』はその一部でしかないということにして、『金剛頂経』の偉大さを印象づけるためのフィクションであると考えられてきた。ところが、ここでは煩雑になるので詳しくは述べないが、近年の研究で二会以降の経典についても該当すると思われる経典の存在や、あるいは『十八会指帰』が書かれた当時に未完成だったり、また経典編纂の意図が既にあったことがわかってきた。そして『十八会指帰』の第十五会が『秘密集会瑜伽』とあり、これが『秘密集会タントラ』に当たると推測されることから『十八会指帰』の著述された当時、少なくとも現存する『秘密集会タントラ』のコンセプトだけでもあったのではないかと考えられている。

このように『十八会指帰』の内容を信じるならば、現存の『金剛頂経』と『秘密集会タントラ』は同じ思想グループの経典であり、『秘密集会タントラ』は『金剛頂経』のあとに続くタントラなのである。

『秘密集会タントラ』の成立過程

本タントラの成立についてはチベットに伝わる伝説によると、西北インド辺りにあったとされる密教の伝説の聖地オディヤーナ国の王インドラブーティの「欲望を捨てること無く成仏できる法を説いて欲しい」という要請に応えて釈尊が説いたのが、この『秘密集会タントラ』であるという。

実際の成立過程についてははっきりとはわかっていないが、元々インド各地に存在していたと思われる秘密集会系の密教行者集団のそれぞれの伝承が一つに纏められて、現存の『秘密集会タントラ』が出来上がったのではないかと考えられている。実際『秘密集会タントラ』の内容を見てゆくと章立ての構成に一貫性が無く、内容についても確かに全体として雑多で整理されていない印象が強く、寄せ集めの観は否めない。

『秘密集会タントラ』の世界

さてこの『秘密集会タントラ』は、成立史的には『金剛頂経』に続いて成立したと考えられているが、内容は大きく変容している。一例として経典の冒頭部を紹介する。

「以下のように私は聞いた。ある時、世尊は一切如来の身語心の真髄である諸々の金剛妃の女陰に住しておられた」（松長有慶『秘密集会タントラ和訳』より）

この文意を読者の皆さんは理解できるだろうか。ここに出てくる「金剛妃の女陰」とは女性性器のことで、つまりは法会の場で聴衆の面前において世尊が女性と性行為をしているというのである。この後も本書第五章で触れたように、『秘密集会タントラ』には性的・反道徳的な記述が多数みられる。ちなみに密教経典にこのような記述が出現したことは当時のインドでもかなり衝撃的だったようで、『秘密集会タントラ』自体にも世尊が説いた性的・破戒的な内容に対し、それを聞いていた菩薩達が皆ショックを受けて泣き出し、最後には気絶したという場面の記述があるほどである。

何れにせよ『秘密集会タントラ』はインドで大流行し、その後、さらに多くの性的・反道徳的表現を含む後期インド密教経典が多数編纂されていった。

3　聖者流

聖者流とは

前述のように『秘密集会タントラ』は様々な伝承を含んでいることから、実践にあたってどの伝承に基づく修行を行うかによって複数の成就法とよばれる実践法のテキストが作成され、各々の成就法を信奉するいくつかの流派が誕生した。その中で最も有力だったのがジュニャーナパーダ流と聖者流である。そして本書第二章でも触れたが、その両流派を学んだツォンカパが最終的に重要視したのが聖者流である。

この流派はナーガールジュナ、アーリヤデーヴァ、チャンドラキールティによって継承された流派で九世紀頃成立し、特に十世紀から十一世紀にかけてインド・カシミール地方で流行したと考えられている。ところで彼らの名前に見覚えはないだろうか。ナーガールジュナは『根本中頌』を著した中観派の祖、そしてアーリヤデーヴァは『四百論』、チャンドラキールティは『入中論』の著者である。つまり彼らは、ツォンカパの信奉する中観帰謬論証派の論師達なのである。ツォンカパが聖者流を重要視したのは、中観帰謬論証派の論師達による流派であったことが一因であると考えられている。ただ実際に各経典の成立年代を考えると、中観と密教の論師たちを同一人物と考えることは難しい。しかし聖者流の教義に中観派の思想が見られることは明らかであり、当時の後期密教はどちらかというと瑜伽行唯識学派の影響が強かったとも思われることから、ツォンカパが聖者流を選択した理由には、密教においても中観思想を重視する彼の姿勢が現れていると推測される。

聖者流の行法

密教の成就法には多くの種類があり内容も多岐に渡るが、大きくは「生起次第」と「究竟次第」に分類することができる。まずはこの二つについて簡単に解説する。

・生起次第

瞑想を中心とした穏やかな成就法で、瞑想で曼荼羅を出現させる曼荼羅観想法や、その本尊と自分が一体化すると観じる本尊瑜伽、自分の身体の各部に仏が存在すると思い、自分自身が聖なる曼荼羅であると観じる布置観などがある。

・究竟次第

性行為や呼吸法などの密教独自の生理学的理論に基づいて行われる成就法で、神秘的体験によって行者自身をそのまま聖なる仏に変容させることを目指す。

これら二つは無上瑜伽タントラ独特の成就法であり、本来生起次第は主に父タントラ系、究竟次第は母タントラ系経典の思想に基づいて作られた別系統の行法である。しかしチベット仏教においては一般に二つはセットとして扱われ、特にツォンカパは生起・究竟の順に実践することの重要性を説くとともに、この二次第の成就法を説かない下位のタントラ（所作・行・瑜伽タントラ）では、本当の成就が達成できないことを強調している。

さて本題の『秘密集会タントラ』聖者流の行法であるが、生起次第は『ピンディークリタ・サーダナ』、究竟次第は『パンチャクラマ（五次第）』を基本テキストとしている。

生起次第『ピンディークリタ・サーダナ』

『ピンディークリタ・サーダナ』はナーガールジュナ著で、ツォンカパは『秘密集会タントラ』の釈タントラである『金剛鬘タントラ』に依拠して著されているとしている。この『金剛鬘タントラ』は根本タントラである『秘密集会タントラ』よりもかなり遅れて成立したと考えられ、後に流行した母タントラの思想的影響が見られるという特徴がある。

さて本書は「初瑜伽三摩地」、「マンダラ最勝王三摩地」、「羯磨最勝王三摩地」の三種類の瑜伽で構成されているが、以下簡単に各瑜伽の内容を解説する。

第一の「初瑜伽三摩地」では、観想において聖なるマンダラ世界を生起（出現）させると同時に、そのマンダラと自身を一体化させる。順を追って見てゆくと、まず自身の面前にマンダラ宮殿を観想によって生起させる。次に聖者流マンダラの三十二尊の種字を行者の身体に布置する。これら三十二尊は五仏＝五蘊、四明妃＝四界（地・水・火・風）などを象徴しており、この布置観によって面前のマンダラ宮殿を行者自身の中に引き込み、聖なるものと自身が一体化することによって行者の死・中有・生という輪廻の過程がそのまま仏の法身・受用身・化身の過程に高められ、浄化される。

次に「マンダラ最勝王三摩地」では、三十二尊の種字から実際に姿形をもった三十二尊の尊格を観想によって生起させる。この尊格の姿によって、行者は自身が一体化している聖なるものを明らかにイメージすることが出来るのである。

そして最後の「羯磨最勝王三摩地」では、行者とマンダラの本尊との一体化をさらに堅固にするため、微細瑜伽などの様々な儀礼を行う。

これらの瑜伽を通じて行者自身、そしてこの世界自体が聖なるものと他ならないと悟るのが聖者流の生起次第である。

究竟次第『パンチャクラマ』

『パンチャクラマ』もナーガールジュナ著とされるが、第二章だけはシャーキャミトラ著と伝えられている。しかしツォンカパは、その内容から第二章の前半はナーガールジュナ著で後半だけがシャーキャミトラ著であるとしている。

ところで前述したように、究竟次第は無上瑜伽タントラ独自の生理学に基づいており、その体系を知らなくては理解するのは難しい。したがって、最初にタントラ独自の生理学の基本的な概要について解説したい。

まず人間の身体には脈管と呼ばれる管が全身に張り巡らされていて、この中をチベット語で「ルン」という風が流れている。この風は我々の呼吸であり、我々の意識の乗り物とも考えられている。その全身の脈管の中で最も重要なものが、背骨にそって頭頂まで真っすぐ伸びているアヴァドゥーティーと呼ばれる中央脈管と、その左右に沿うように走るラランーとラサナーと呼ばれる脈管である。そしてララナーとラサナーは上から頭頂・喉・心臓・臍下にあるチャクラ（チャクラの数は経論によって違いがある）の箇所で左右交差していて、それぞれの交差点で中央の中央脈管を結ぶような形になっている。また四箇所の結び目ではララナーとラサナーは管の形を保っていて風が流れているが、中央脈管は縛られて管が潰れた状態となり、中は真空になっているとされる。そしてこの状態が一般に健康な状態であり、一方で何らかのアクシデントで中央脈管に風が流れ込むと身体は不調になり、最終的に中央脈管が風で満たされると人は死ぬとされている。そして死ぬと風は我々の体内から抜けてゆく。だから人は死ぬと呼吸が止まり、意識は風に乗って出てゆくのである。

さて究竟次第とは、大まかに言うとこのような独自の生理学の体系に基づき、真空に保たれている中央脈管の結び目を特殊な行法によって緩め、中央脈管に風を入れることによって引き起こされる臨死体験をベースにして、人間が死に向かう過程を成仏への過程としてシュミレートする行法である。

本書のタイトルである「パンチャクラマ」とは、五次第と訳される通り「五つの次第」という意味で、一「金剛念誦次第」、二「心清浄次第」、三「自加持次第」、四「楽現覚次第」、五「双入次第」の五つの次第から構成されるとされるが、実際は一番最初に「定寂身次第」が設定されていて、実質六次第となっている。

それでは各次第を簡単に解説する。

・定寂身次第
まず最初の定寂身次第は、行者自身の身体が聖なるマンダラ世界と他ならないと観想することが基本となっており、前述した生起次第の内容をさらに堅固に悟るための行法である。生起次第と究竟次第の橋渡し的な行法であることから、おそらく独立した次第として数えられなかったと考えられる。人間の三つの基本的活動である三業(身・語・心)のうち、ここで身業が浄化される。

・第一 金剛念誦次第
次の金剛念誦次第では梵字三文字(オーン、アーハ、フーン)からなる真言を唱え、これを行者の呼吸の吸う・止める・吐くに対応すると観想する。これによって行者は日々呼吸をするだけで聖なる真言を唱えていることになるのであり、本次第が「金剛念誦」と名付けられる理由である。この次第によって、身業の浄化に続いて語業が浄化される。そしてこの次第から心臓のチャクラの部分の結び目を緩めることによって少しずつ風が中央脈管に流入し始め、究竟次第独特の神秘体験が始まる。まずここでは、人間が死を迎える時の異変を体験する。もう少し具体的に解説すると、肉体が崩壊する過程で見えてくる蜃気楼、煙、蛍の光、灯明というヴィジョンが出現するという。

・第二 心清浄次第

続いて心清浄次第では人間の日々の精神活動を八十種に分類し、それらの精神活動はすべて呼吸に基づいていると観想した上で、この八十の精神活動を順次止滅させてゆく。これで三業のうち最後の心業が浄化される。ここでは心臓のチャクラの結び目が完全に解かれ、全身の風が中央脈管に流れ込み、最終的に風が心臓のチャクラのところにある不壊の滴（ティラカ）というものに溶け込む。この時、風の流入量にシンクロして行者の八十の精神活動は順次止滅してゆき、行者は死ぬ時に体験される四空とされるもののうち、空、極空、大空を体験する。こちらももう少し詳しく解説すると、空では「雲一つない夜空の月のような白」が、極空では「晴天の太陽のような赤」、そして大空では「夕暮れの闇のような黒」のヴィジョンが出現するという。最後の黒のヴィジョンは風がすべて滴に溶け込んだ状態であり、これが死に相当する。

さて究竟次第は臨死体験をベースにしていると前述したが、行者はここまでの次第で死を体験した。ではこの後の次第は何をシミュレートするのであろうか。忘れてはならないのは、輪廻の思想では死はすべての終わりでなく、次の生の始まりということである。つまり次の次第からは、死から再生へのプロセスのシミュレートになるのである。

・第三 自加持次第

自加持次第では、不壊の滴に溶け込んだ風が幻身として幽体離脱したように肉体の外に出現するという。このことから幻身次第とも呼ばれる。ここで行者は死んでから次の生を得るまでの中間の状態、つまり「中有」を体験する。ちなみにここで出現した幻身は、これまでの次第で浄化された身体から生じた完全な精神的存在ではあるが、この状態ではまだ煩悩が完全に滅せられておらず、「不浄の幻身」と呼ばれる。

さて輪廻において中有の次は生有、つまり次の生の始まりである。しかしここで思い起こして欲しい。そもそも仏教の目的は何だったか。仏教が最も恐れるものは、生死の無限の連鎖である輪廻であり、仏教が目指したのは連鎖の断絶、つまり輪廻から解脱して涅槃に入ることである。そしてこの解脱をシミュレートするのが次の楽現覚次第である。

・第四 楽現覚次第

楽現覚次第で行者は、前の心清浄次第で体験した四空の残り最後の一つである一切空を体験する。心清浄次第でも様々な色の光のヴィジョンを見たが、一切空においては「本当の光明」または「根源の光明」というものを見る。この光明は前に体験した光と異なり、全く色の無い無垢で透明な光である。この光に行者が溶け込むと幻身の煩悩は完全に浄化される。そしてこの光に溶け込むということによって獲得されるのが、無上瑜伽タントラにおける最高の智慧である大楽である。また光に溶け込むとは自身が完全に無になることであり、涅槃に入るということになる。ちなみに『チベット死者の書』(『バルドトゥドゥル』)では、人は死んで中有の状態になるとこの根源の光に必ず出会うという。しかし生前に修行をしっかりとしていない者はこの光が何か解らず、そのために涅槃に入るチャンスを失い、次の生を受けてしまうのである。

さてこの楽現覚次第で行者は、究極の智慧である大楽を獲得した。そして涅槃に入るチャンスも得たのである。ということは、これで終わりでよいのではないだろうか。しかし『パンチャクラマ』には最後に双入次第が設定されている。

・第五 双入次第

双入次第ではもう一度幻身を出現させる。ただし今回出現した幻身は、完全に煩悩を滅した清浄な幻身である。そしてこの清浄な幻身と、前次第で獲得した大楽の智慧を完全に融合して一体化させる。つまり「双入」させるのである。このように最終的に獲得されたこの清浄な幻身はまさに仏の身体そのものであり、この幻身を獲得した行者は仏と同じ力を用いて衆生救済を行うことができるのである。つまり日本の密教でいう「即身成仏」を獲得するのである。大乗仏教の菩薩である行者は総ての衆生が救われることを目標とするのであり、それまでは自分だけが涅槃に入ってはならない。だからこの『パンチャクラマ』は楽現覚次第では終わらないのである。

このように『パンチャクラマ』は単なる行者自身の悟りのためだけではなく、一切衆生の救済を究極の目的とする行法であり、だからこそ、ツォンカパは本次第を重要視するのである。

4 『真言道次第大論』

『真言道次第大論』の概要

さてこれまでツォンカパの重要視する秘密集会タントラ聖者流の生起次第と究竟次第を見て

きたが、前述したように元々二次第はそれぞれ別に成立したものである。また煩雑になるので触れなかったが、『ピンディークリタ・サーダナ』と『パンチャクラマ』にもそれぞれ複数の註釈書が存在し、実際の行法も註釈書によって違いがある。そこでツォンカパがこの聖者流の生起次第と究竟次第を元にして、順序立った次第として完成させたのが『真言道次第大論』である。同書はツォンカパが四十九歳の一四〇五年にかつて自身が再興したウルカの弥勒寺で著述をはじめ、翌一四〇六年に完成したとされる。

さてこの『真言道次第大論』は全十四章で構成されているが、まず全体の内容を概観するために各章の名称を挙げる（斎藤保高『ツォンカパのチベット密教』を参照）。

第一品　「教に趣入する等しからざる次第の門を総論的に説示したもの」
第二品　「所作タントラの道を進む次第を説示したもの」
第三品　「行タントラの道を進む次第を説示したもの」
第四品　「瑜伽タントラの道を進む次第を説示したもの」
第五品　「道の要点を知って親近行を先に済ませてから地儀軌をどのように行うかという次第を説示したもの」
第六品　「準備行儀期の次第を説示したもの」
第七品　「曼荼羅を描いて成就してから供養する次第を説示したもの」

第八品　「自身が入檀して灌頂を受けてから弟子を曼荼羅へ入檀させる次第を説示したもの」
第九品　「瓶灌頂の儀軌の次第を説示したもの」
第十品　「上の三灌頂を付加とともに授けて結行する儀軌を説示したもの」
第十一品「二次第を結合して菩提を成就しなければならない点を説示したもの」
第十二品「生起次第を説示したもの」
第十三品「究竟次第の総論を説示したもの」
第十四品「最初に修習する究竟次第と行、及び道の果を説示したもの」

各章の内容・第一品

章の名称はかなり具体的で、これだけでも大体の内容は予想できるかもしれないが、各章の内容について簡単に解説する。

まず第一品が全体の総論である。この章はツォンカパがこの『真言道次第大論』より先に著した『菩提道次第論』からの導入にも当たるもので、ツォンカパの仏教観が示されている。仏教には三乗（声聞・縁覚・菩薩）があるが、これらの違いは智慧の優越ではなく、菩提心などの方便の違いであって、究極的にはすべて成仏に至ると説く。一般に声聞・縁覚のいわゆる小乗は菩薩、つまり大乗に劣るとされるが、小乗・大乗共に「仏説」、つまり釈尊によって説かれたものである以上、そこに優越などあるはずがない（経典にも劣ったものなどあるはずがない）というのがツォンカパの基本的見解である。

そして大乗を波羅蜜乗（顕教）と真言乗（密教）に分け、やはり智慧の優越ではなく、成仏の速さの違いで区別をしている。その上で『パンチャクラマ』の解説でも触れたとおり、仏身を今生で獲得（即身成仏）して衆生救済を行うことができる密教の重要性を説いている。また真言乗を所作タントラ・行タントラ・瑜伽タントラ・無上瑜伽タントラに分ける理由を説明した上で、前三タントラを「下タントラ三部」として無上瑜伽タントラと明確に区別して無上瑜伽タントラへの導入に位置づけ、無上瑜伽タントラだけが今生で仏身を得ることができることを強調する。

各章の内容・第二品〜第四品

いよいよ第二品から本題の密教に入ってゆくが、総論での真言乗の分類に沿って第二品で所作タントラ、第三品で行タントラ、第四品で瑜伽タントラの修行の次第が説かれる。各タントラの次第の基本的な形式は、まず修行に入る大前提として必須とされる灌頂と戒律が説かれ、それに続いて「親近行」とよばれる実際の修行法・成就法などが説かれる。構成は『菩提道次第論』と同じく修行の次第、つまりプログラムとして理路整然としており、真言を唱える時間や回数、また睡魔が襲ってきた時の対処法、そして行の座と座の間の過ごし方などについても細かく説かれており、非常に実用的なものである。

各章の内容・第五品〜第十四品

直接章の名称には出ていないが、第五品以降がすべて無上瑜伽タントラに当てられている。詳しく見てゆくと、第五品の初めに無上瑜伽タントラの総論を示してから、第七品までマンダラ建立の実際の方法が詳しく述べられている。なぜここでマンダラの建立かというと、ツォンカパは無上瑜伽タントラを学ぶためには密教の灌頂を受けることを絶対条件としていて、このマンダラは灌頂儀礼を行うための場なのである。

少し補足すると、日本の密教寺院では一般的に本堂の中央に壇が常設され曼荼羅も常時掛けられているが、これらはインドでは本来儀礼を行う度に儀礼の一環として作成し、儀礼が終わると破棄するものであった。したがって密教経典には必ず作壇法や曼荼羅作成法が説かれていて、たとえば真言宗で重要視される『大日経』にも「七日作壇法」が説かれている。インド密教の伝統を色濃く受け継ぐチベット密教では、儀礼は作壇から行うのである。

さてマンダラが完成するといよいよ入檀し、灌頂が行われる。第八品ではまず自身が曼荼羅に入檀して密教の阿闍梨となり、第九品と第十品で弟子に灌頂を授ける。

ここで無上瑜伽タントラの灌頂のシステムについて解説する。無上瑜伽タントラの灌頂は「四灌頂」と呼ばれ、次の四つで構成されている。

一、瓶《びょう》灌頂
二、秘密灌頂
三、般若智灌頂
四、第四灌頂

それぞれの灌頂の詳しい内容についてはここでは煩雑になるので詳しく触れないが、最初の瓶灌頂は日本密教で行われる灌頂とほぼ同じ形式で行われるが、その後の秘密灌頂と般若智灌頂は、性行為が儀礼として取り入れられている秘儀的な灌頂で、日本の密教で行われることはない。そして最後の第四灌頂であるが、この灌頂の内容については儀軌などには明らかにされていないが、性的な儀礼ではなく、前三灌頂を受けた者に対する言葉による究極の灌頂とされ、この第四灌頂を受けた者だけが密教の法を弟子に説くことが許されるとされる。第十品の章名にある「上の三灌頂」が般若智灌頂以降にあたり、ツォンカパは瓶灌頂と般若智灌頂以降を明確に区分している。そしてツォンカパは生起次第は瓶灌頂を受けただけで修習することを認めるが、般若智灌頂以降を受けていない者には性的儀礼を含む究竟次第の修習を認めないとしたのである。

灌頂が終わるといよいよ修習に入るが、まずツォンカパは第十一品で生起次第と究竟次第の両方を、必ず生起・究竟の順に修習することの必要性を述べている。
そしてその後、第十二品で生起次第、第十三品と第十四品で究竟次第が説明される。既に述べたように秘密集会タントラ聖者流を重要視するツォンカパは、生起次第は『ピンディークリタ・サーダナ』、究竟次第は『パンチャクラマ』を基本とするが、実際この『真言道次第大論』では、この二つの儀軌以外からも引用しており、生起次第についてはジュニャーナパーダ流などの他流派、究竟次第においてもジュニャーナパーダ流や『カーラチャクラ・タントラ』、『チャクラサンヴァラ・タントラ』、『ヘーヴァジュラ・タントラ』といった母タントラ系の次第についても論じている。しかし当然のごとく、このように他流派の諸経論・儀軌の次第を論じ、比較した上で、最終的には聖者流が最も優れているという結論に至っている。

なお第十四品の最後には、ツォンカパによる総論ともいうべき内容が説かれているが、まさにこの『真言道次第大論』の概要をわかりやすく示しているので、そのままここに示す。

「そのようなら、最初に［顕教］共通の道を修練して、［心］相続を［密教の修行に］ふさわしいものとする。そのうえで、上師がお喜びになるように［師事］してから、清浄な灌頂──甚深な道の所依として修行する力を授けるもの──を受け、三昧耶と律儀を守る。そして、その［灌頂の］機会や他［の機会］に受けた三律儀（波羅提木叉・菩薩戒・三昧耶戒）を大切にして正しく遵守することを基本に据えた上で、［一日］四座の瑜伽によって第一次第（生起次第）を修習して、究竟次第の殊勝な証得が生じる［ための］善根が熟すようにする。それから、殊勝な究竟次第を順番に起こして、双運のお体を成就する。そのようにしたら、顕教と密教の諸要点のすべてが一人の補特伽羅の成仏する要因となることに決定を得て、牟尼（釈尊）の教を完全に円満して自己が把握するとともに、他者に対しても広めることができるのである」（斎藤保高『ツォンカパのチベット密教』より）。

改めて解説するまでもないかもしれないが最後にツォンカパは、顕教から密教に進むべきこと、密教を修行する際は必ず灌頂を受け、戒を授かること。生起・究竟の順に修習すること、そして成仏とは決して自利だけでなく、他者を救う利他でもあることを改めて強調しているのである。

なおこの最後の成仏に関するツォンカパの見解は非常に重要である。密教の即身成仏と言うと顕教の三劫成仏に比べてどうしてもその速さが注目されるが、即身成仏が本当に優れている点は、この身のままに成仏することによって、仏の不可思議な力を使ってより多くの衆生救済を行うことができることにある。本書第三章でも触れたとおり、同様のことを、ツォンカパは『菩提道次第論』の最後においても強調しており、彼がいかにこの即身成仏の理解を重要視していたが伺われる。ちなみに同様のことを日本でも空海が、『即身成仏義』において即身成仏の要として論じている。

あとがき

筆者がこれまでインド・チベット密教を専門として研究を続けてきた中で、研究資料としてツォンカパの著作を参照したことは何度もあったが、ツォンカパという人物にこれほど正面から向き合ったのは、実はこれが初めてである。筆者は特に『カーラチャクラ・タントラ』に興味を持っていて、プトンのように同タントラを最高のものとしないツォンカパには、思想的に少し距離を感じていたというのも正直なところである。

ところが今回、思いもかけずツォンカパに関する執筆の機会を頂き、それを終えた今、これまでツォンカパを避けてきたことに心から後悔している。

読者の皆さんもおそらく同じ感想を持たれたと思うが、とにかくツォンカパの知識量が桁違いなのである。彼が生涯で学んだ経論は小乗・大乗、顕教・密教のほぼすべてを網羅している。この全仏教に対する知識があったからこそ、長い歴史において分裂してしまった仏教を、もう一度一つの仏道に再構築することができたのである。

他にも壮大な伝記の内容や論議の緻密さ、そして修行実践に関する解説のわかり易さなど、ここで改めて取り上げたいことはいくらでもあるが、最後に、今回本書を執筆中に筆者が気づかされたことについて二点お話したい。

一点目は、チベット仏教における師資相承の文化である。先日、大学の講義で学生と、ダライ・ラマ十四世猊下のビデオを観ていた。仏教の教えについて日本人の記者が質問をし、それに猊下が答えるというものであったが、記者は仏教の専門家ではないようで、猊下の答えも専門用語を極力使わない平易でわかりやすい法話のようなものだった。このビデオは講義で毎年何度も観てきたが、本書の執筆中であった今回はビデオを視聴中、初めて気づかされたことがあった。

それはダライ・ラマ猊下の話している内容が、表現は非常に平易であるが、本書で見てきたツォンカパの教えを忠実に伝えていたということである。密教において、師から弟子に教えを伝えてゆく師資相承の理想として「瓶水を一滴も漏らさず他瓶に移すがごとく」というが、チベット仏教ではツォンカパからダライ・ラマ猊下までその理想が絶えることなく守られ、たとえ法話のレベルであっても、ツォンカパの教えが忠実に伝えられているのである。

筆者は密教を専門にしながらも、これまでこのことに全く気づけなかった自身の浅学さを心から恥じると同時に、ツォンカパの教えが時空を超えて現在に伝えられていることに大きな感動を覚えた。

そして気づかされたことのもう一点は、改めて「仏教」とは何かということである。

話は少し逸れるが、筆者が本書の執筆に取りかかっていた期間、人類史に残るであろう新型コロナウイルス感染症に世界は大混乱していた。そしてこの「あとがき」を書いている今も、世間は第三波流行の恐れに戦々恐々としている。この感染症問題に翻弄され、これまでの価値観は大きな変化を余儀なくされ、医療者・感染者に関する不当な差別など、人間の醜い部分まですっかりあぶり出されてしまった。

このような状況下で、仏教徒はこの困難にどのように向き合うべきなのか。筆者は仏教研究者として、そして真言宗の僧侶として、今回本当に考えさせられた。なぜ我々はこんなに苦しまなければならないのか。仏はどうして救ってくれないのか。こんなことをつらつらと考える日々の中で筆者をはっとさせたのが、『菩提道次第論』と『真言道次第大論』であった。この二論は本書で見たように、修行のプログラムである。修行すれば悟りを開いて仏になれ、人を救うことができるのである。何が言いたいのかと言うと、「仏教」とは「仏の説いた教え」であると同時に、「仏になるための教え」なのである。

全く先の見えない困難な状況下で、筆者は無意識に仏の救済を求めていたが、何かにすがるのではなく、自身が悟りを目指し、そして他者を救うことを第一に精進を続けるのが仏教者の在り方であり、仏教を学ぶとは単に智慧の獲得ではなく、仏陀になることを目指すことであると、ツォンカパは気づかせてくれたのである。

今回ツォンカパの教えとじっくりと向かい合えたことで、筆者は本当に救われたと思っているし、読者の皆さんがツォンカパの教えから少しでも得られるものがあったなら、執筆者として望外の喜びである。

最後になったが、今回このような貴重な執筆の機会を与えてくれた上、約束の期日を遅れに遅れた原稿を辛抱強く待ってくれた佼成出版社編集委員の黒神直也氏に心から感謝申し上げる。なお本書執筆のための研究に関して、総本山仁和寺・仁和伝法所より研究助成（令和二年度）を頂いた。こちらも感謝申し上げる。

そして本当に最後に、筆が進まず七転八倒する筆者をいつも傍で支えながら生暖かく見守り、校正を手伝ってくれた妻・純子に心より感謝申し上げる。本当に、本当に有難う。

令和二年十一月

松本峰哲

参考文献

石飛道子『構築された仏教思想　龍樹』（佼成出版社）二〇一〇年
石濱裕美子、福田洋一『聖ツォンカパ伝』（大東出版社）二〇〇八年
梶山雄一、御牧克己他『大乗仏典　中国・日本編（15）ツォンカパ』（中央公論社）一九九六年
桂紹隆『インド人の論理学』（中公新書）一九九八年
桂紹隆、五島清隆『龍樹『根本中頌』を読む』（春秋社）二〇一六年
川崎信定『原典訳 チベットの死者の書』（ちくま学芸文庫）一九九三年
クンチョク・シタル、奥山裕『全訳ツォンカパ 中論註『正理の海』』（起心書房）二〇一四年
ゲシェー・ソナム・ギャルツェン・ゴンタ、藤田省吾共訳『ラムリム伝授録Ⅰ』（チベット仏教普及協会）二〇〇六年
ゲシェー・ソナム・ギャルツェン・ゴンタ、藤田省吾共訳『ラムリム伝授録Ⅱ』（チベット仏教普及協会）二〇〇六年
齋藤保高『ツォンカパのチベット密教』（大蔵出版）二〇〇三年
桜井宗信『インド密教儀礼研究』（法藏館）一九九六年
立川武蔵『はじめてのインド哲学』（講談社現代新書）一九九二年
立川武蔵・石濱裕美子・福田洋一著『西蔵仏教宗義研究　第七巻―トゥカン『一切宗義書』ゲルク派の章―』（東洋文庫）一九九五年
立川武蔵、頼富本宏（編）『インド密教　シリーズ密教1』（春秋社）一九九九年
立川武蔵、頼富本宏（編）『チベット密教　シリーズ密教2』（春秋社）一九九九年
田中公明『チベット密教』（春秋社）一九九三年
田中公明『超密教時輪タントラ』（東方出版）一九九四年
田中公明『大乗仏教の根本〈般若学〉入門：チベットに伝わる『現観荘厳論』の教え』（大法輪閣）二〇一四年
ツルティム・ケサン、藤仲考司『悟りへの階梯―チベット仏教の原典『菩薩道次第論』』（UNIO）二〇〇五年

ツルティム・ケサン『菩提道次第大論の研究』（文栄堂書店）二〇〇五年
ツルティム・ケサン、藤仲孝司『ツォンカパ　菩提道次第大論の研究（2）』（UNIO）二〇一四年
ツルティム・ケサン、藤仲孝司『ツォンカパ　菩提道次第大論の研究（3）』（UNIO）二〇一七年
ツルティム・ケサン、正木晃『チベット密教』（ちくま新書）二〇〇〇年
羽田野伯猷『チベット・インド学集成　第一巻　チベット編Ⅰ』（法藏館）一九八六年
平岡宏一『秘密集会タントラ概論』（法藏館）二〇一八年
福田洋一『ツォンカパ中観思想の研究』（大東出版社）二〇一八年
松長有慶『秘密集会タントラ和訳』（法藏館）二〇〇〇年
松長有慶編著『インド後期密教〈上〉方便・父タントラ系の密教』（春秋社）二〇〇五年
松長有慶編著『インド後期密教〈下〉般若・母タントラ系の密教』（春秋社）二〇〇六年
四津谷孝道『ツォンカパの中観思想―ことばによることばの否定』（大蔵出版）二〇〇六年
D・スネルグローヴ、H・リチャードソン（著）、奥山直司（訳）『チベット文化史』（春秋社）一九九八年

＊他にも多くのツォンカパ及びチベット仏教に関する文献資料があり、筆者も本書を執筆するにあたって参考にしたが、ここでは読者の皆さんの便を考慮し、雑誌論文や洋書、そしてサンスクリット・チベット語原典などの一般に入手・閲覧が難しいものは掲載していない。

＊本書に於いては基本的にツォンカパの著作についてのみ（一部例外あり）「Toh No.」という番号を付している。これは『西藏撰述仏典目録』（東北大学印度学研究会、一九五三年）に収録されているチベット語原典の番号である。さらにツォンカパについて学びたいと思う方はぜひチベット語を学び、チベット語の原典を自身で読んでツォンカパの思想に挑んで欲しい。

松本峰哲……まつもと・みねのり
一九七一年、大分県生まれ。東北大学大学院文学研究科文化科学専攻インド学仏教史学専修博士後期課程単位習得済み退学。専門はインド・チベット密教。
現在、種智院大学人文学部教授。仁和伝法所研究員、善通寺勧学院研究員、真言宗御室派神護寺副住職。
著書に『真言・陀羅尼・梵字　その基礎と実践』（共著　大法輪閣）、『空海と真言宗がわかる本』（共著　大法輪閣）等。

構築された仏教思想
ツォンカパ――悟りへの道――三乗から真の一乗へ

二〇二一年三月三十日　初版第一刷発行

著者　松本峰哲

発行者　中沢純一
発行所　株式会社佼成出版社
〒一六六-八五三五　東京都杉並区和田二-七-一
電話　〇三-五三八五-二三一七（編集）
　　　〇三-五三八五-二三二三（販売）
URL https://kosei-shuppan.co.jp/

印刷所　大日本印刷株式会社
製本所　大日本印刷株式会社

◎落丁本・乱丁本はお取り替えいたします。
〈出版者著作権管理機構（JCOPY）委託出版物〉

本書の無断複製は著作権法上での例外を除き禁じられています。

複製される場合はそのつど事前に、出版者著作権管理機構（電話 03-5244-5088、ファクス 03-5244-5089、e-mail: info@jcopy.or.jp）の許諾を得てください。

© Minenori Matsumoto, 2021. Printed in Japan.

ISBN978-4-333-02844-3　C0315

構築された仏教思想

信仰から論理へ——。言語化され有機化された仏教思想。
そのシステムの全貌と本質をラディカルに問い、仏教学の新たな地平を切り拓く刺戟的な試み。

ゴータマ・ブッダ 縁起という「苦の生滅システム」の源泉　並川孝儀

龍樹 あるように見えても「空」という　石飛道子

法蔵 「一即一切」という法界縁起　吉津宜英

空海 即身成仏への道　平井宥慶

親鸞 救済原理としての絶対他力　釈　徹宗

道元 仏であるがゆえに坐す　石井清純

妙好人 日暮しの中にほとばしる真実　直林不退

一遍 念仏聖の姿、信仰のかたち　長澤昌幸

ツォンカパ 悟りへの道—三乗から真の一乗へ　松本峰哲

以下続刊

覚鑁　白石凌海

蓮如　佐々木隆晃